U0059816

大都會文化
METROPOLITAN CULTURE

大都會文化
METROPOLITAN CULTURE

大都會文化
METROPOLITAN CULTURE

大都會文化
METROPOLITAN CULTURE

Tickets for the Future

自信 & 自重

做人與做事的雙贏智慧

前言

人生是一場複雜多變且充滿艱險的旅行，所有的旅人皆面臨只能進不能退的道路，也許險惡、也許多彩的人生風景。每個人做事、做人的心境與手法不同，相同道路將有不同的景色。

人無不傾一生的光陰與心血，追求著幸福與成功，正因如此，世界充滿了激烈競爭，也就越發疲憊忙碌。不禁要問：人生到底是什麼？成功是否可望不可及？成功要付出很大的代價嗎？世界上有沒有不會帶來副作用的成功？為什麼他可以，我不行？

我們都知道成功沒有捷徑，但是在沒有路標的人生旅途上，難免會懷疑自我、迷失方向。這種時候，我們要時時以兩股信念砥礪自己，將能撥開迷霧，堅定向前。這兩股信念就是「自重」與「自信」。

自重，讓人看見自己的可能性。

從內在做起，將自卑、猶豫等負面想法拔除。就像種稻必須將阻礙稻穀成長的稗草拔除一樣，清除這些障礙後，我們的才華才有繼續成長的空間。

自信，使人信任自己，也取信於人。

從外在出發，藉由建立生活與工作的好習慣，培養我們的信心。沒有人會願意將重責大任交付給看起來畏首畏尾的人，如果我們渾身上下散發自信的光芒，機會自然而然就會想要親近我們，成功也就不遠了。

本書想告訴那些希冀成功卻又毫無頭緒的人，如何更新自己的心態與價值觀。讀者閱讀後將可發現：每個瞬間的領悟、每個想法的轉折、每份認真的態度、每步積極的行動，都將成為人生最重要的財富。

讓我們從這一秒就開始改變，預約一張通往未來的車票吧！

目錄

Chapter 1 心靈大掃除

Chapter 2 無往不利的自我經營法

Chapter 3

散發自信的光芒

Chapter 4

活出自信人生

Chapter 1

心靈大掃除

「你以怎樣的方式思考，思想就以怎樣的方式來引導你。」

自重的第一步是將心靈上悲觀、嫉妒、多疑、沮喪、猶豫等負面想法做清掃，保留正向的情緒、健康的心態，確立目標，開始與成功打交道。

為時永不嫌晚

當今社會，是個充滿變數的世界。追求個人發展和自由、追趕社會潮流、努力擴展自己的生活和生命，已成為永續經營、終其一生的過程，不再只存在於特定階段的特定內容。

可惜的是，仍有許多人不能理解這一道理，面對成功機會的錯失，學習時間的流逝，年齡的無奈增長等，整個人好似被洗腦，認為失去了時間和機會，就得偃旗息鼓，放棄對知識、成功的追求。

若問他們願不願意捲土重來，讓晚年的生命染上一道美麗的彩虹，這些人會感歎地說：「當然想啦！但成功雖好，卻為時晚矣。」

真是可憐又可怕的想法！

當一個人自以為「太晚」，而不再努力、不再追求進步時，便是他生命頹廢、事業失敗的開始。只要有心，學習永遠都不嫌晚。

蘇珊．波爾，來自蘇格蘭小鎮、穿著土氣、毫不起眼的中年大媽，為自己的歌唱夢想奮鬥，二〇〇九年參加英國星光大道選秀比賽。當她一展歌喉，她的歌聲令觀眾與評審們相當感動，轟動現場。之後，她的初賽片段被上傳至網路，引起全世界的關注，成為人人口中知名的「蘇珊大嬸」。

摩西奶奶，一個從來沒有進過美術學校的農婦，七十多歲時，因關節炎拿不了針線刺繡，才開始拾起畫筆，這位長壽的老太太留下了一千多幅油畫，其中二十多幅是過完一百歲生日之後的作品。摩西奶奶八十歲時在紐約舉辦個展，引起轟動。其作品先後登上《時代》、《生活》雜誌的封面，作品被大都會博物館和白宮收藏。摩西奶奶去世後，美國聯邦郵政特地為她發行郵票作為紀念。以她為題材的電影記錄片曾獲得奧斯卡獎提名。

類似實例，不勝枚舉。他們之所以成功，是因為他們拒絕讓年齡以及退休等藉口，為自己的興趣劃上句號。

可見，只要你願意播撒種子，永遠都會有收穫的。

學習也是一樣。每個人在一生中，都有受教育的可能性。這句話在任何時候都是適用的，任何信奉它的人都會受益匪淺。

倘使我們渴望造就自己，補救「來不及」的缺憾，那麼我們必須學會重新認識自己，讓未來的每一天發光發熱，這是每個人成長與成功過程中的必修課程。永遠不要讓「來不及」、「太晚」之類的言語，出現在我們的人生辭典上。

正所謂「活到老，學到老；活到老，努力到老。」只要我們願意，學習永無止境，奮鬥永不嫌晚。與其以「太晚」作為結局，草草總結自己的發展性，不如在走出辦公室後走進教室，赴一場知識的盛宴，這會使生活變得積極樂觀，生命顯得更加充實。

人隨著年齡漸增，思想會比年輕時代成熟，更有判斷力，更知道光陰的寶貴，也更善於利用各種機會進修自學，爭取成功。有許多人，在年輕求學時代不知努力，將時光蹉跎，沒有得到多少書本的知識，可是到了中年以後，理智增加，使他們開始從自身的需要出發，補充知識的空缺，並努力用功，結果也取得傲人的成績。

教育環境與時俱進，政府立案的社區大學與長青學院已深入各鄉鎮，各式各樣的補校機構也紛紛林立。一個人只要能像屢敗屢戰的拳王那樣，永不放棄學習，並善於利用空閒時間，同樣能持續增進自身的知能，幫助自己成就許多事業。

正如成功者們所說：生命中沒有，也不應有「為時已晚」的立足之地。只要有心學習，永遠都不算太晚。

正確認識挫折

從宏觀的角度來看，萬事萬物均在「更新的過程」之中。所謂的失敗只不過是生活中的一個小小插曲，是黎明前的黑暗而已。

「樂聖」貝多芬在前途一片似錦的時期，聽力開始衰退，對貝多芬來說這可是嚴重的挫折。雖然四處求醫，但病情仍然沒有好轉的跡象，一八〇二年聽力接近全聾。在這樣的打擊下，貝多芬非常不能接受，一度想自我了結，畢竟聽力是音樂家重要的創作利器，但最後貝多芬不僅沒有放棄，反而化危機為轉機，完成多首不朽名曲，例如命運交響曲、月光奏鳴曲等等。

「人有失手，馬有亂蹄。」很少人的一生能總是一帆風順，一次兩次的失敗，並不代表我們將是永遠的失敗者。

我們一定要丟掉體內那種「失敗就代表自己將一事無成」或「必須放棄追求，向失敗俯首稱臣」的可憐想法。即使所有人都說「你失敗了，你是一個失敗者」，我們也應該一笑置之，朝著心中的目標邁出篤定的下一步。

失敗，就像在登山的路上跌了一跤，雖然會讓我們的前進暫時受阻，但這些路途中的小小插曲，只會使我們成功的果實更加甜美。

我們也可以轉個念頭，把失敗當作是學習不敗課程的「學費」，每一次失敗都在告訴我們，下一條路會更好；此路不通，就要另闢蹊徑。

許多失敗者的悲哀，在於失敗後就失去智慧和勇氣，走不出失敗的陰影。當他們再次遇到機會，不會想到如何過關斬將，反而先想到失敗時的痛苦，遲遲不敢再嘗試，於是，離成功就越來越遠了。

失敗，不會成為你人生的絆腳石，它並沒有你想像的那麼可怕，經歷一次就永無翻身之日。

失敗標示著一個新的起點，是我們通向成功道路的基石；失敗更是一種良好的興奮劑，能激發一個人沉睡的激情，鍾鍊人的意志。失敗就好似鑿子和錘子，能把一個人的生命雕琢得更壯麗，許多人就是在遇到失敗後，才發現自己真正的才幹，使自己的潛力得以爆發出來。

愛迪生曾長期埋首於電燈的發明。一位年輕記者問他：「你目前的實驗失敗了一萬次，對此有何感想？」

愛迪生回答說：「我並沒有失敗一萬次，而是成功地發現了一萬種行不通的方法。」

可見，失敗並不可怕，問題在於我們如何看待失敗。如果能從失敗中汲取所需的養分，也能稱得上是成功了。

想把失敗轉化為成功，過程其實很簡單，往往只需要將想法付諸實際行動。

還記得我們是如何學會騎腳踏車或溜冰的嗎？跌倒了就爬起來，若再跌倒，就再爬起來，經過如此反覆練習，漸漸掌握了訣竅。成功者在光鮮亮麗的外表下，往往累積了比一般人更多的「傷痕」，沒有人能比成功者擁有更多失敗的經驗，也沒有人比成功者更重視失敗的寶貴教訓和啟示。

成功者與失敗者最大的不同，就在於前者珍惜失敗的經驗，他們善於從失敗中汲取教訓，鍥而不捨地努力戰勝一時的失敗，反敗為勝，獲得更大的勝利；後者一旦遭遇失敗的打擊，即墜入痛苦的深淵，不能自拔，每天悶悶不樂、自怨自艾，甚至自我毀滅。

遭遇失敗感到挫折是很正常的，假如我們希望獲得成功，便不應該為眼前的失敗沮喪太久，而要振作精神，像檢查電子線路板上的短路一樣，仔細研究失敗的可能環節，加以改進。

千萬不要因一次失敗而氣餒、放棄追求，也不要被失敗的感覺所左右，變得憂慮、蠻橫或憤世嫉俗。

我們將不會被失敗打垮，除非我們先向命運低頭。

「我可以！」

世界上有很多人在嘗試之前就認定自己「不是那塊料」、「注定不會成功」，正是這樣的消極觀念，阻礙他們發揮能力，在成功殿堂的大門前停下腳步。因此，無論做任何事，我們都要先肯定自己、看重自我，才能看見自己的可能性，破除阻擋我們成功之路的負面想法與習慣。

林書豪，一個從不被看好、甚至三番兩次被球隊遺棄的球員，沒有因此被擊倒，無非是以毅力和忍耐來激勵自我，再加上平時勤加練習、改進，才能在離開坐慣的冷板凳後，一鳴驚人，屢創佳績，帶領尼克隊連贏七場比賽，引起全世界的注意，此一現象被媒體稱為「林來瘋」（Linsanity）。

其實每個人都有無限的潛能，它像一座金礦等待著我們去開發。世界上沒有天生的成功者，他們成功最根本的原因是激發出自己的潛能。抱著積極的心態去開發潛能，將有用不完的能量，能力將會越用越強。反之，如果任何人抱著消極的心態，不去開發自己的能力，成天歎息命運不公，那麼只會變得越來越消極、越來越無能。

最大限度發揮自己的能力，做好所有能做的事情，是表現才能的最好途徑。你甚至會驚奇地發現，拿破崙、林肯未必能做好的事情，你卻能漂亮地完成。所以，不要輕易否定自己，給自己一個機會，讓自己把全部能力發揮出來。

這個世界是屬於你的。不管你是英姿煥發的年輕人還是老當益壯的成年人，只要確信「我可以！」，並發揮出自己的能力，就能取得事業的成功。

實踐夢想、改變生活態度永不嫌遲。你無法使時光停止，但是可以停止消極悲觀的思想。立即開始運用自己的能力，就能得到所追求的。

當然，積極地看待生活，發揮自己的能力，爭取事業的成功需要勇氣和持之以恆的精神。如果沒有勇氣向固有的錯誤觀念挑戰，你可能會輕易地放棄自己的希望，重新回到消極悲觀的生活中。所以，即使外界環境對你不利，即使別人斷定你不可能成功，請不要放棄自己。因為你是唯一能夠決定自己命運的人。

拒當沮喪的奴隸

人在精神沮喪的時候，往往會喪失鬥志，使判斷力下降，做出一些愚蠢的錯誤決定。例如在不該停下腳步的時候輕言失敗，甘願放棄許多不該放棄的東西：事業、愛情、友誼、甚至是生命。

其實所面對的困難和挫折，通常只是暫時的，只要能夠重振精神，為生活多努力一些，很快就能看見不遠處的那道新生活的曙光。

當一個人的身體或心靈受到痛苦的折磨，便常常會變得意志不堅定，成為沮喪情緒的奴隸，一切行動都會被負面情感所左右，在這時候，將很難有正確的判斷。所以，若你查覺到自己處在極端悲觀沮喪的狀態時，不要急著做出攸關轉變一生的決定，否則偏頗的決定極有可能讓你終生遺憾。

J．K．羅琳成名前是個患有憂鬱症的單親媽媽，撰寫《哈利波特──神秘的魔法石》期間，羅琳經歷了貧窮、母親過世與首次離婚，此前，羅琳曾向十二家出版社投稿，但都遭拒絕。在那段低潮，羅琳曾想過要一死了之，但最後她看著自己的女兒，知道自己還有著相當重的責任，沒有時間沮喪，於是打起精神尋求協助。一九九七年六月《哈利波特——神秘的魔法石》於英國出版，首刷僅五百本，剛出版時並未造成大轟動，後美國的出版社以高價買下其出版權，漸漸地為世人所知。羅琳的《哈利波特》系列小說迄今被翻譯成六十七種語言，在二百多個國家發行，名列世界上最暢銷小說之列。《哈利波特》系列改拍的八集電影更是部部賣座。

生活中，我們會聽到一些人後悔地說：「當時遇到挫折的時候，如果我能擺脫沮喪情緒的支配，堅定我的信心努力去做，也許早已成就一番事業了。」

很多時候，其實只要稍微整理一下自己的情緒，讓自己冷靜些，理智就會重占上風，並發現自己最初的選擇是如此的幼稚。

不論有多少沮喪的事情，我們都應該學會控制自己的感情，不要太鑽牛角尖。暫時跳脫使你沮喪的環境，有助於轉換情緒，讓自己早日從憂鬱沮喪中走出來。沮喪的思想遠去後，隨之而來的則是健全的想法、理智的判斷、愉快的心情，伴你走向成功。

拂去內疚情緒蜘蛛網

內疚情緒，是一種「悄悄的小聲音」對我們說話的結果。那個「悄悄的小聲音」就是我們的良心。

內疚情緒並非只存在於特定人的體內，不論你的本質是好是壞，只要生活在這個世界上，就會不時感受到內疚情緒。當一個人有了內疚情緒，而又不用積極的心態與它共處，其結果往往是有害的。

面對可怕的內疚情緒，我們必須學會克服，給自己走出內疚陰影的勇氣和信心，才不會導致心理上的僵化和變異。

心理學家佛洛伊德說：「我們的工作進展得愈深入、對精神病患者精神生活的認識和研究愈深，我們就愈清楚地感覺到，兩個新因素迫使我們最密切地注意到，它們是自我傷害的來源。這兩個因素，常常潛藏在『我需要得病』或『我需要受苦』的表述中，它們就是內疚感與犯罪的覺悟。」

佛洛伊德是正確的，內疚情緒常常會像惡魔一樣，引誘你危及自己的性命、毀壞自己的身體、摧殘自己的精神，或者用其他方法傷害自己，以贖清所犯下的罪過。

當然，在人類文明日益提高的今天，內疚情緒直接殘害個人身心的例子已不多見，然而不容否認的是，由內疚情緒引發的下意識心理依然潛伏在人的內心深處，不時探出頭來操縱你的思想和行為。

下意識能像有意識心理一樣，隨時伺機發揮它自身的力量。如果不能用積極的心態去除自己的內疚情緒，下意識就可能把我們纏得愈來愈緊，最終，引起一些自我傷害的行為。

想消除內疚情緒，建議遵循以下四步驟：

1、當聽到可能改變生活的忠告、演講時，我們要好好地傾聽。

2、對我們所做的錯事由衷地感到慚愧，做出真誠的懺悔。

3、最重要的是，邁出前進的第一步。這很重要，當人邁出那一步時，就等於「公開宣布」對過去感到慚愧，現在準備改變生活了。

4、我們必須邁出前進的第二步，即刻開始糾正每一個錯誤，而不是被內疚折磨至死。

如果正被壞事的引誘所苦惱，並為隨之而來的內疚所困擾，使你不能把自己的能力運用到積極的方面時，這裡只有一個建議：順從你的良心，去做不會使你感到內疚的事，將使你邁步走向成功。

在某種程度上，內疚情緒的存在並非壞事。它配合積極的心態會產生良好的促進作用。內疚情緒可以促使我們進行第二次思考，甚至能激勵有德行的人產生美好的思想和行動。

嫉妒是心靈的腫瘤

嫉妒，存在於每個人的內心，是人類心靈的腫瘤，具有非常大的危害性。人一旦有了嫉妒的念頭，其所思所為就會被嫉妒控制，因而失去了吸引他人的力量，甚至使他人厭惡，不願與其結識往來。

產生嫉妒的原因很多，但通常並不明顯。當牽涉到一個人的自我意識時，看起來無足輕重的事情，常常也會在心中過度膨脹。如他人瀟灑漂亮的外表、華麗的服飾、橫溢的才華等，都可能是造成嫉妒的直接因素。而最為重要，也是最根本的原因，就是沒有辦法以正常眼光看待別人的長處，相反地，可能會對別人擁有的獨特才能或取得的優異成績，產生莫名的恨意。更確切地說，一個人產生嫉妒心理的關鍵，在於沒有正視自己的位置，總以為自己應無所不有、無所不能。

有些人在聽到自己好友或同事成就某項事業，得到晉升後，心中便滋生妒意，很不是滋味。總是一味地抱怨生活，「為什麼成功的不是我呢？」結果，由於這種嫉妒心理作祟，始終無法對別人取得的成績處之泰然，更不要說真誠的祝賀了。

在任何公司，都存在著比自己優秀的同事，如果抱有「不容別人比自己強」的心態，經常會無法待得久。這種近乎「病態」的心理，已經澈底地把他包圍，在他和周圍的人之間形成了一道屏障，他出不去，別人也進不來，成功自然也被拒絕在門外。

亞里斯多德經常與學生們談論人生真締。一天，學生問他：「為何心懷嫉妒的人總是不滿、忿怒呢？」他回答道：「因為折磨他的不只有他自身的挫折，還有別人的成功。」

我們對嫉妒之心如此鍾情，但它究竟能給我們帶來什麼呢？

在嫉妒心理的驅使下，嫉妒者常會不能自己地產生排斥的想法，不理智地做出一些傷害別人的舉動。就像好鬥的公雞，總是去攻擊別人，去詆毀他人取得的某些成就，甚至產生不屑與之為伍的愚蠢念頭。

如此一來，盤踞在內心深處那可憐的嫉妒，無形中便演變成為一種障礙：一種會阻礙與他人正常交往的障礙，一種可能阻礙我們贏取成功的障礙。

世上沒有一個人能夠離群索居、獨立生存。朋友的支持對於我們的成功，就像葡萄的主枝對於一串串味美色香的葡萄般重要，葡萄只要脫離了枝幹，就會慢慢萎縮枯乾，因嫉妒而不去與超越自己的人接觸，不去和一些見多識廣的人交流，無異於拒別人的幫助於千里之外。

其實，在競爭當中屈居下風的人，如能抱著樂觀態度，以一顆平常心給予成功者真誠的祝福，這對於日後的合作和相處都有極大的益處。

對體內的嫉妒，我們可以有許多辦法來抵消。其中，最關鍵、最有效的一步，就是調整心態，甘心示弱。要做到這一點，首先要有自知之明。

「尺有所短，寸有所長。」人世間沒有十全十美的人。乾隆雖號稱「十全老人」，但也正是他，親手培育出了前無古人後無來者的大貪官和珅。所以，不要想著萬事超人前，樣樣不服輸，那是永遠不可能的。應實事求是，客觀評價自己，以誠待人，與人為善，削弱心中的嫉妒，杜絕嫉妒心理升級，降低嫉妒的危害性。

而調整心態更意味著，要認真、坦誠地對待他人的成就。在別人的成就面前，以虛心的態度肯認對方的長處。有了善意的認同，才能夠以冷靜的思考反省自己不如對方的地方，把別人的長處當作自己努力的目標，再帶著高度的自信，充分發揮自己的優勢，學習他人的優點，超越他人。如果只是一味地嫉妒，卻不自我反省，這樣不僅得罪了朋友，且一點益處都沒有。

要知道，別人的優點不應該是你自卑的原因，更不會是你嫉妒的內容，而應成為激勵自己前進的動力！明白這些，或許就能除掉根植在心中的嫉妒，使設置在成功前的障礙不攻自破，成功自然也會不請自來。

勿讓多疑癱瘓內心

無論是誰，一旦被「多疑」掌控，便常常會自我孤立、敏感度驟升、情緒緊張，整日提心吊膽、小心翼翼、謹言慎行，害怕走近別人，也拒絕別人走近自己，更怕被別人拒絕。以至於有時一件小事、一個偶然的手勢、一句無心的話，都足以讓你妄加猜測、惴惴不安。

在日常生活與工作環境中，如果發現自己常不經意地犯多疑的毛病，可就要小心了，也許「多疑」已像病毒那樣蟄伏在體內，甚至已被「多疑」控制了，這可不是什麼值得慶賀的好事。

兩個同事背著你竊竊私語，當你一走近，他們便立刻終止了談話，沉默不語或是各自走開。這時，你就會在心裡嘀咕：「他們會不會在說我的壞話？」如果某人不贊同你的觀點，你便會懷疑這個人對你懷有成見；與朋友相遇，他卻沒和你打招呼，可能立刻會懷疑他對你不滿……。

多疑，是一個人精神上的癱瘓，它好像是人身上的一顆毒瘤，稍不注意，就會流出毒液，腐蝕人的思想，使人喪失理智，以主觀、片面、刻板的思維邏輯來主導自己的推理，毫無根據地進行判斷。

多疑的人不信任他人，總對他們作出過低或不切實際的評估。如果總以不信任的態度與他人交往，長久下來，將會被逐漸疏遠，因為沒有人能長期忍受這種無理的「敏感」，與長時間地被懷疑。

所以說，多疑只會徒增煩惱和痛苦，使人眾叛親離，最後落得自憐自艾的悲哀下場。因此也有人說，多疑是人際關係中最大的障礙、成功途中的大敵。

「寧教我負天下人，休教天下人負我」的曹操，因為多疑，以為華佗為其做開腦手術是要替關羽報仇，一代神醫因此死得不明不白。赤壁大戰前，周瑜使反間計，曹操疑心大起，立斬二大將，導致赤壁之戰大敗。

在激烈的職場競爭中，許多人都有受挫，而不斷跳槽，導致職業生涯墜入「負面輪迴」的經歷，或有過類似的感覺。當工作有了好的成果，或者升到較高職位時，便感覺背後有一雙「眼睛」在盯著自己，彷彿在說：我不信任你。而這雙「眼睛」可能來自上司，也可能來自身邊的同事。

於是，關係莫名其妙地變緊張了，衝突也時不時出現。萬一衝突的結局讓人感受到莫大的傷害和壓抑，進而認為整個環境是不信任、不安全的，將會產生深深的恐懼感和憤怒感，最後升起強烈的排斥感：逃！

多疑心理損害極大，它會阻礙我們走向成功的腳步，當感覺自己開始疑神疑鬼時，不妨嘗試以下的方法：

1、讓頭腦冷靜。

當疑心在心中初露端倪時，先讓自己冷靜下來，仔細分析，考慮一下自己的「多疑」有無確鑿的根據。多從自身想想，「是不是我太多心了？」、「也許別人並不是針對我，只是就事論事」、「也許只是一時心情不好，心不在焉，所以遷怒於我或者冷落了我，與我並無關係」等等。

2、試著用「信任」代替「多疑」，用「理智」遏制多疑心理的升級。

一天兩天，也許看不出太大的變化，但時間長了，將會發現，曾經的「多疑」，實際上完全是自己無中生有的想像，杞人憂天而已。

只要能堅持無論在什麼樣的情況下，都始終不放棄「信任」的立場，那麼，我們對他人的敏感、多疑，也就會慢慢地不治而癒。伴之而來的，將是增強的自信、失而復得的友情，「止跌回升」的職業生涯。

舉棋不定的後果

猶豫的人總希望做出正確的選擇，卻又被每一個選擇可能帶來的負面結果動搖了信心。面對重大選擇時，他們會一再拖延直到來不及的地步。他們惟恐今天決定的一件事情，明天會出現更好的選擇，導致對第一個決定產生懊悔。

猶豫不決對一個人的傷害是不容小覷的，它會影響到人格的建立，使勇氣消失，意志削弱，還會破壞自信心和判斷力，以及一生的機遇。

猶豫不決的人對自己能否成功總是抱著懷疑的態度，在人生旅途中，他們總拒絕作出任何決定，即使是雞毛蒜皮的事情也是如此。一旦有事情需要他們作決定不可，他們會要找別人商量，傾聽別人的意見，從不根據自己的判斷力做出決定。一個人即便具有優秀的才幹、高尚的品德，若總是猶豫不決，容易使別人對你失去信心，最終常一事無成。

在現實生活中，猶豫不決的人較容易被失敗所俘虜。被「猶豫」束縛的人們就像一艘艘沒有航行方向的小船，盲目漂流在狂風暴雨的海面上，難以抵達成功的彼岸。

一位業務員面對為猶豫所困的房地產商人時說：「你為何失敗？那是因為你沒有做出

決定的能力。你已經養成逃避責任的習慣：猶豫不決，使你無法對任何事情做出明確的決定。今天，即使你想做什麼，也無法辦得到了。」

歸根究柢，猶豫不決之所以在心中生根發芽，係由於不敢相信自己能自行解決重要的事情，懼怕承擔責任。

如果你想消除生活中猶豫不決的毛病，永遠不要等到明天，今天就開始吧。強迫自己練習堅定的決斷，切勿猶豫。

也許，剛開始的時候，迅速決斷不免會造成些許錯誤，可是，這無疑比那些猶豫的人要好多了，猶豫的人根本連工作都不敢開始。

從一個接著一個自主判斷中得到自信心、建立被他人可依賴的信賴感，遠比因瞻前顧後、深怕犯錯而喪失決斷力要有價值得多。

避開拖延的陷阱

曾有人問一位做事拖延的人，一天是怎麼過完的，這個人說：「那很簡單，我把昨天的工作拿來今天做。」

拖延，豈止是把昨天的工作拿來今天做？「拖延」一詞根據《韋氏新世界英語詞典》的解釋是：「把應做的事推到將來做，而且對此感到正常。」

部分大學生的期末報告，是在繳交期限前才匆匆完成，導致再好的想法、創新的點子，因時間因素無法完美地呈現，也讓教授須多費口舌指教。問為何不及早動工準備，理由不外乎交友、打工、玩樂等大小事業的忙碌，但絕大部分是覺得時間還早、應該還來得及，因此一拖再拖。

一個辦事拖延的人，常常在無意義的事情上浪費寶貴時間，總是花時間思考要做的事，擔心東顧慮西，尋找種種藉口推遲行動，又花上許多時間懊悔自己沒完成工作。這段虛耗的時間，足夠完成任務並投入下一個工作。其實，如果拿我們浪費在拖延上的精神與時間，辦理今日的工作，往往綽綽有餘。

有許多事情，及時動手去做，將會感到快樂且具成就感，一旦延遲幾個星期再處理，不但辛苦加倍，可能還會失去應有的樂趣。我們常有這種經驗：就寢時突然有靈感閃現在腦海裡，如果我們在那瞬間果斷起身，把靈感記錄下來，必定會有意外的收穫。假如放任自己進入夢鄉，隔日那美好的靈感火花或許早已模糊，甚至完全消失了。

人世間，沒有什麼能比拖延更害人，更沒有任何東西，能比拖延更能懈怠一個人的精力。

因此有人萬分憎惡地指出：「拖延是魔鬼最喜愛的工作。」

日本豐田汽車藉著會議改革，把每週會議改為二週一次，並在會議室貼上「會議成本＝人數×時間×薪資單價」的海報提醒同仁，愈多資深的員工聚集開會得愈久，公司要付的代價就愈高。此舉變革，讓豐田汽車曾創下三年三百億日圓的效果。

日本知名黛安芬公司前社長吉越浩一郎，就任社長期間，讓日本區黛安芬公司從虧損中起死回生，關鍵在於以二小時會議解決四十個問題，每二分鐘就為一個議題下決策。他說：「之所以能保持這般傲人的成績，是以一定的人力，在短時間內提升工作效率的成果！」

拖延不僅是成功的仇敵、時間的竊賊，它還會損壞人的格調，毀掉好的機會，使人成為失敗的奴隸。

避開「拖延」的陷阱並不困難，只需要我們在「此刻」，堅定地踏出第一步，就十分足夠了。

每日有每日的理想和決斷。今日的理想，今日下的決斷，今日就要行動，勿留到明天，因為明天自有新的理想會產生。

每個人都應避免拖延的習慣。如果感覺自己正被拖延所引誘，並備受摧殘，那麼，就趕快振作起精神，即刻去做自己的工作吧！只有「立即行動」，才能不掉入拖延的陷阱中。

治療「藉口症候群」

藉口，是阻礙成功的殺手，是一個人獲取成功的致命傷。

仔細觀察，就會發現，生活中每個失敗者的「藉口症」病情都相當嚴重。他們往往不假思索，就能編出一籮筐的藉口，為自己的不成功做辯解。例如感冒頭暈目眩無法作業、鬧鐘沒響導致上班遲到……。

倘若審視成功者的成功歷程，相信會發現：所有平庸者所用的藉口，成功者都可以用，但是他們都沒有用。

相信不會聽到任何成功的商人、業務員或其他行業的成功人士，喋喋不休那些堂而皇之的藉口，因為，他們知道找藉口對於追求理想的危害。

林肯總統在從政之路上屢戰屢敗，他從未因為「沒有群眾魅力」而放棄；小說家史蒂芬・金在成名前，也連續多年嚐到被退稿的滋味，但他不曾因為「沒有才華」而放棄。

一個人一旦患上「藉口症」，就會感覺自己的失敗是理所當然的，很難再有捲土重來的勇氣和信心。

「藉口症」一如其他的疾病，若不能及時、妥善治療，病情就會惡化。一旦人找到一個好藉口，使失敗說得過去，他就會抓住不放，然後把自己沒能更上一層樓的全部責任，盡數推到藉口上。它是人們心目中一條無限寬廣的「後退之路」！有了這條退路，也就很難全力去拚搏、盡力了。

每次想去找藉口，藉口就會在無形之中嵌入你的潛意識中。一開始也許會因良心尚存，還知道自己的這些藉口，多少含有「自欺」與「欺人」的成分。但，重複的次數多了，良心也就變得麻木不仁，也就愈相信那些自欺欺人的謊言，就是自己不能成功的真正原因。

天生沒有四肢的力克．胡哲，能游泳、踢足球、打高爾夫球、打電腦……，他勇於面對身體的殘障，創造生命的奇蹟。面對不合理的環境，力克樂觀向上，二十三歲大學畢業，取得雙學位。如今，力克已經是一名演講大師，他鼓舞全世界有著相似經歷的人們振作起來。

難道一個人身體不好就不可能成功？當然不是，只要不把它當作失敗的「藉口」就可以了。

如果你正企圖以「健康不佳」為藉口，停滯不前，趁早打消這個念頭吧！多想一想力克．胡哲的處境。

預防「健康藉口」，主要有兩個原則：

1、拒談你的「健康」。

2、為擁有健康而心存感激。

會成功的人都不輕易提他們的健康問題，談論只會贏得他人的同情，但得不到他人的尊敬與忠誠。不要抱怨「不舒服」，應為現在擁有的健康而感欣慰。

與「健康藉口症」相似的是，人或多或少患有「才智藉口症」。他們常會自貶身價，把自己錯失良機，歸因於「成功需要才智，而我卻不夠聰明」。這實在是大錯特錯。

美國人比爾．波特患有腦性小兒麻痺，一九六一年開始做推銷員，雖然他健康狀況令人擔憂，又口齒不清，卻屢次締造驚人的銷售佳績。比爾每週工作六天，每天徒步走七十個街口的上坡路，挨家挨戶腳踏實地贏得死忠顧客。幾個月後取得波特蘭地區銷售第一，更在幾年後成為西北部銷售第一的推銷員。在工作伙伴的幫助下，七十七歲的他仍工作著。他的故事被拍成電影、影集，感動無數人。

一個人的天賦才能雖然無法改變，但可以改變應用知識的態度。

知識是一種潛在力量，惟有應用得當，才能發揮它的巨大力量。

而「才智藉口症」的癥結所在，就是對知識認識不清，不知道對於成功而言，知識的運用方式遠比他擁有多少知識更重要。

在成功的道路上，與其擔心自己智商不夠，不如善用已有的才智。

對於「才智藉口症」有三種簡易療法：

1、不要高估他人的才智，也不要自貶身價。

2、提醒自己「我的態度比我的才智重要」，凡事盡量往好的方面想。

3、找出更好的做事方法。靈活的思考能力比知識更珍貴。

也許還聽過很多不得志的人，以「年齡」為藉口替自己的不得志辯解：「由於年紀的緣故，我力不從心。」連試都沒有試，寧願坐失良機。

事實上，年齡也不會是一個人發展事業的障礙，可惜只有少數人意識到這一點。

歐維邦原是《貿易風》董座，但隨著投資失利、跨國併購、網路泡沫化等大變動，董座頭銜不再，不僅如此，巨額債務、中風等困難一一襲來，但為了生計、為了更崇高的理想，歐維邦難掩東山再起的想法，創立了「嗎哪食品」，那時他已是耳順之年。

二〇〇二年他與妻子徐繁華賣出的第一批產品，十二罐辣椒醬，收入九百六十元，對此兩人感動流淚。他們會記取失敗，不斷改進，所以做出的食品大受顧客歡迎，產品也越來越多。

歐維邦和徐繁華建立健康口碑的食品業，兩人從夫妻到事業好夥伴，一對子女更是他們的好幫手。

與「健康藉口症」、「才智藉口症」一樣，「年齡藉口症」也是可以治好的。有一種良藥，不但可以治療「年齡藉口症」，也可以預防這種病，那就是「保持樂觀的心態」，這也是成功者的想法。

如果每天人都聽見你抱怨自己「運氣不好」，同時批評別人的成功是「走狗屎運」，代表你已經患上了「運氣藉口症」。

一位機械工具製造公司的業務主管，在談到找藉口的問題時，主動地分享了他的經驗：「這也是每個主管都會遇到的棘手問題之一。昨天，我在辦公室就剛好碰到這樣一個例子。」

「昨天下午，一位業務員滿頭大汗，帶著一張十五萬元的豐厚訂單回辦公室，正巧一個業績連續吊車尾的業務也在場，他聽見帶來的好消息，酸溜溜地說：『恭喜啊，你的狗屎運真好。』」

「其實大家都明白，推銷成果和運氣絲毫扯不上關係。在此之前那位業務員已經花了好幾個月的時間去遊說客戶，反覆地和對方商談，想出適合他們的產品，還拜託工程師預先畫出草圖，終於成功說服客戶下單。所以才不是運氣好，而是周詳的計畫與耐心為他自己帶來了『好運』。」

克服「運氣藉口症」有兩種很好的方法：

1、接受「有因必有果」的觀念。

2、不要妄想不勞而獲，靠運氣絕不會成功。

別人所謂的「好運」，其實是長期準備與實踐所產生的結果。天下沒有白吃的午餐，運氣不可能替你帶來升遷、財富與勝利，只有堅守並實現致勝原則，才是你邁向成功道路的正途。

要想成功，就必須停止為自己找任何藉口。眾多成功者的事跡能證明——任何時候，都沒有理由不成功，藉口永遠是失敗者不負責任的推諉之詞。

自以為是的假象

提出相對論的愛因斯坦說過：「我像小孩一樣的幼稚。」

「樂聖」貝多芬表示：「我只學會幾個音符而已。」

古希臘著名哲學家蘇格拉底曾言：「我唯一知道的，就是自己的無知。」

世上有一種人，天生具有獨特的才能，對於任何話題，哪怕他只學了點皮毛，所知不多，也會採用吹噓、誤導等方法，用籠統的說法概括一切，誇大得近乎說謊的手段讓自己像老手一般，口若懸河，使聽者如癡如醉。這種人就是生活中的自以為是者。

不要覺得自己根本不屑這種自以為是的行為，我們多多少少都有過為自己還沒有求證過的想法辯護的經驗。也許是對過去不經意瞥見的「知識」深信不疑，在別人面前，對這件事就表現出好像無所不知的樣子，但其實沒有做過深入的研究，充其量也只是「門外漢」，如此便犯了自以為是的毛病。

一個人的誇大其辭，在一開始可能可以「唬弄」部分的人，這是因為現代人鮮少對獲得的資訊進行查證。但這些愚昧的言談，終究會隨著時間過去，不攻自破。

自以為是者的行為偏差源於想獲得別人的認同。要是他覺得遭人輕視，他很可能會增加籌碼，比以前更加賣力地表演，吸引別人的注意。自以為是者的行為也是很堅定的，聽眾熱切的眼光對於自以為是者而言，就猶如聚光燈之於演藝人員，他們會毫不顧忌地強行打斷並插入別人的談話。

人一旦在生活中習慣自以為是，就很難再接受別人的意見。或許他以為自己與聽者能很快地建立共識，其實只不過是一廂情願的錯覺罷了，這種假象只存在於他的心中。

自以為是對於一個人的生活和事業發展，可以說有百害而無一利。

剛開始，不知詳情的人們對錯誤的訊息，還表露出興趣，或者堅信不疑跟著起舞。但經過一段時間，人們就會發現，自以為是者只不過是個喜歡讓人注意的大嘴巴，是個愚蠢的大草包。這時，無論再怎麼努力地演講，也得不到人們的回應、注意和尊敬。導致即使是真的不錯的想法，也會被人棄如敝屣，就像放羊的小孩，讓真正應得的注意也付之東流。

總之，自以為是者的最終結局，只有更深的孤立和對立、更大的失敗。

自以為是的人日子並不好過，因為必須一直做秀，隨時隱藏內心的不安。為保

住面子，還要編足理由，隨時應對別人的種種疑問，為自己圓謊。

不想出糗的話，不管此刻我們已經偏離真理多遠，也要想盡辦法把自己拉回真理的方向，澄清事實，承認自己的無知，以實事求是的態度追求知識與真理，少說多做，讓智慧的光芒由內而外自然散發出來。

這也許需要較長的時間，但對任何人來說絕對都是值得的。

負面思考的破壞力

負面思考者的原始動機，是希望避免錯誤發生，以便把事情做對、做好。可惜的是，負面思考卻使這良好的動機，向著思維的極端發展，以至於在負面思考者的眼裡，玻璃杯裡永遠不是半滿的，而是半空的；所有可能通往成功的信號燈，全是紅色的；凡是上升的必然會掉下來，但落下來的，卻永遠也升不起來。

負面悲觀的人所持有的這種負面的特質，具有非比尋常的殺傷力和破壞力。它能利用負面的思想、語言，偶爾再加上點負面行為，去破壞一個人良好的動機，抑制事物的發生、發展。尤為可怕的是，它還會澆滅人的希望，並且能在希望之火升騰之前，就把它撲滅，從而把人逼到絕望的境地。

一個人如果長時間跟負面思考的人接觸，無形中就會受其影響。這種影響就像接觸到原子輻射，如果輻射劑量小、時間短，你還能活，持續照射就會要你的命。

恰如一位作家所說，在所有的「登場人物」裡面，負面思考者的行為和思維方式，對於別人最具潛在的影響。

一個人的負面思考方式，在開發人的潛能時，還將成為最大敵人。它會讓潛能像睡美人那樣，長久沉睡，白白浪費掉。而這一切，無疑會給你取得成功的能力大打折扣。

總之，人一旦被「負面思考」控制，就會被過去的種種失敗和疑慮引導、支配，悲觀失望、消極頹廢，最終被失敗俘虜。沒有人會因負面思考而獲得好處，也沒有人會因負面思考而改善境遇。負面思考只會使人的志向枯萎，減弱人真正的力量。

一間外商公司剛上任的人事部經理，他的首要任務是「整理」一個長期士氣低落的部門，他為此設計了一個很棒的政策來處理抱怨和負面言行。如果有哪一個員工說了負面的話、有負面的想法，或是純粹抱怨，而沒有提出建設性的意見，就必須放一個十元硬幣到「負面罐」裡，如果是在開會等重要場合，罰金還要加倍。負面罐其實只是個泡菜罐，所有放在罐子裡的錢，將被用於公司每個月舉行一次的「感謝上帝，今天是星期五」的派對上。

一個月不到，罐子竟然已經快裝滿了。大家開始注意到，原來自己有多麼消極，說不定已經發展為一種集體性的「醃黃瓜」臉。

意識到這一點，每個人都開始竭力轉變自己的思維方式，負面的烏雲慢慢散去，辦公室的士氣也大為提升。甚至連每月派對，也從星期五改到星期一，名稱還改成「感謝上帝，今天是星期一」派對。

當你發覺自己處於負面情緒的泥淖時，不妨轉個念頭，你會發現，事情也許沒有自己想像得那麼糟。

正確的思考方式是造就成功之路的必然基礎。

必須知道，我們以怎樣的方式思考，思想就以怎樣的方式來引導我們。如果你要想獲得成功，必須培養並且具備正確的思考方法，千方百計遏制「負面思考」這股暗流。不要讓這種錯誤的思考方式，使自己成為一個可悲的失敗者。

那麼到底該如何養成正確的思考方法呢？

拿破崙．希爾的成功學告訴我們：

1、必須培養注意重點的習慣。
2、看清事實。
3、尊重真理。
4、正確評價自己和他人。
5、善於投資。
6、要有建設性的思想。

只要做到了這些，背負著「負面思考」重擔的人就會發現，很多事情是行得通的，失望也未必不能避免，人可以起身接受挑戰、克服困難。

一旦讓這些正面思考發揮功效，就會感覺前進的腳步無比輕盈，甚至還會看見成功正在不遠處向你招手！

專注的力量

職場中有很多人抱著得過且過的心態，每天匆匆忙忙來上班、馬馬虎虎應付工作，一心盼著早點下班。他們從未靜心思考自己的理想是什麼，自己應該成就怎樣的一番事業。

古時候有兩個人在名師門下學棋，一個十分專注，另一個則總是為其他事分心，想著如果打獵時有大鳥飛過，要如何用弓箭將其射下。

雖然兩個人都在同樣的師傅門下學習，所得到的成果自然也就天差地遠了。

一個無法專注於目標的人，如水上的浮萍，東漂西蕩，不知何去何從，自然一無所獲。

一個想成就一番事業的人，在自己的職業生涯中打拼出一片天地，於職場中占有一席之地，就必須具備一個遠大且準確的目標。

一個有計畫、有遠大目標的人，總是不辭勞苦，聚精會神地向前邁進，如同鴻雁有往溫暖南方境地的遠大目標，才使牠們能夠飛過千山萬水，忍受風吹雨打。他們從來不會說得過且過的話，他們的生活永遠是嶄新的，每天都在進步，他們時時擔心自己的能力不夠，惟恐機會來臨時自己無力承擔。

有目標，人就會把握當下，督促自己認真地對待工作，並傾盡全力，以取得好的結果，進而達成事業成功的遠景。

有目標，我們就可以改變事業上的不理想現狀，包括低微的職位、枯燥乏味的工作、看不見前途的事業等等。當我們為自己制定了一個遠大的目標之後，便會感覺到在心底那股巨大的潛能，而這股潛能也許將改變我們一生。

拿破崙．希爾說：「目標必須是長期的、特定的、具體化的、遠大的。」

沒有長期的目標，人就可能會被短期的種種挫折擊倒。例如：工作失誤、嚮往的職位落到別人身上、上司對自己的表現不滿、資深的同事處處壓制等。這些可能會令人心灰意冷、自怨自艾，進而陷入「常立志」的循環中，使事業半途而廢，最終一事無成。

同樣，如果目標過於籠統，也無法發揮出巨大的作用。因為不管一個人多有能力、才華和知識，如果無法把他們集中到特定的目標上，永遠無法取得成功。就像要想獵到鳥，就得瞄準其中的一隻，而不是胡亂向鳥群射擊。

「流氓教授」林建隆，小學畢業後便輟學，生活中只有賭博，成天渾渾噩噩過日子，二十三歲時因殺人未遂入獄，曾想試著脫逃，但未有成功。後藉著閱讀梭羅的〈華登湖〉，林建隆逐漸體會到，透過文學或哲學追求人的內在提升，本來多多少少就是要犧牲自由、物質享受的，至此才接受獄中之苦，也開始自我反省。他會買書充實自己，亦從獄友建議聽老和尚講《金剛經》，更到處向獄友借書來看。監獄生活讓他漸漸覺悟到，要脫離牢獄和江湖，唯一的辦法就是讀書考大學。一九八二年，林建隆考上東吳大學英文系，畢業後還出國深造取得博士學位，現任教於東吳大學英文系，研究專長為美國文學，尤其是美國詩。

有了明確的目標之後，還需要有具體的實施計畫，才可能實現目標。我們可以將目標再分成一個一個的小目標，並採取有效措施來實現。

在制定實施計畫時，不妨考慮以下幾個問題：

1、目標是否適合自己？

我們應該認真分析自己的優勢和劣勢，慎重地為自己的人生選定方向，不可輕下決定，否則將很難獲得成功。如果目標沒有經過深思熟慮，不考慮是否適合自己就確定的話，將會是失敗收場。

2、客觀分析將會面對的障礙，並想辦法克服它們。

列出實現目標的理由。清楚地知道實現目標的好處，有利於我們增強毅力，堅定信心。

接著列出實現目標所需的條件。例如，想擁有一家自己的公司，就需要清楚開設一間公司需要多少資金，以及管理所需具備的知識等等。只有弄清楚這些，才能找出現實的差距和不足，作為積累和學習的方向，否則將感到無從下手。

列出目前不能實現目標的所有原因。從難到易排列其困難度，並自問「現在可以用什麼方法來解決這些問題？」並再次寫下。

列出解決方案之後，立即採取行動，以增強自己的信心。

3、設下時間表。

為目標設定時限，並從實現目標的最終期限倒推到現在。

例如，決定兩年之內當上銷售部經理，就得寫出今年所要達到的目標（例如成為業務主管），再訂出每個月所要實現的銷售業績，以及每週甚至每天所要做的事。

設下時間表後馬上採取行動，並每天衡量進度，每天檢查結果。經常檢驗結果，不但有利於糾正計畫中的錯誤，還可以用不斷上升的成果鼓勵自己，來堅定自己的信心，支持自己做下去，並實現最終目標。

職場中並非事事如意。在你為實現自己的目標而努力工作的時候，同事們可能會嘲笑你、孤立你，你的上司也許會誤會你，壓制你，這時該怎麼辦？是打消念頭，轉移先前的目標，還是執著地走下去？這時候大部分人選擇了放棄，因此，他們都沒有成功。

邁向成功、實現理想的旅程漫長並布滿荊棘，如果你沒有堅強的毅力作為支撐，你很可能會半途而廢。

看一看周圍，那些訂了目標沒多久就退縮的人，那些企盼立刻看到結果但因遭遇挫折而匆匆放棄的人，那些在距離目標只剩幾步之遠卻因欠缺毅力而垮下的人，是無法獲得事業最大的獎賞，也不可能實現自己目標。

堅強的毅力是：果斷地做出決斷、全神貫注地努力、堅持不懈地走下去，這三點的結合，才是獲得成功的不二法門。

果敢地做出決定，需要清楚明白自己所要的是什麼。只要一個人的言行顯示出知道自己的目的地，職場中就會為其保留一席之地。下決心需要有不理會別人意見的勇氣。如果總被同事的意見、上司的想法所左右，就會變得猶豫不決，最後可能一件事也做不成。

成功之神要求我們把全部精力都放在工作上，不要為一些細小無關的事情分散注意力。在確定目標並為之努力的過程中肯定會遇到各種誘惑，這時我們必須把全部的精力都放到實現目標上來，做到心無旁騖，即使旁有黃金美玉、絲竹之音也不為所動。

堅持不懈的精神是實現目標的要訣。想要培養自己堅持不懈的精神，必須有明確的目標、對事業的強烈渴望、對工作有極大的熱忱、落實計畫的行動和決心，只有具備了上述這些品格，才能對目標堅持不懈，持之以恆。

想要增強自己的毅力，就要拿出勇氣來認真地評判自己，發現並清除下列會妨礙我們獲得成功的幾個敵人：

1、為目標的拖沓找藉口。

2、對工作失去興趣。

3、猶豫不決，在所有場合都推諉責任，不敢正視問題。

4、不為解決問題制訂明確的計畫。

5、自滿，在達到真正的目標之前停下腳步。

6、將自己的錯誤歸咎於別人。

7、以不努力就想成功的賭徒心理，企圖尋找成功的捷徑。

不要以任何藉口為自己欠缺毅力開脫，摒棄心裡的這些想法，就會具有堅強的毅力，繼而獲得成功。

Chapter 2

無往不利的自我經營法

自重的價值不僅僅在於讓人做出正確決斷，還可以使生活更好、更堅強地迎接挑戰，抓住機會，取得通往成功的車票。

自重者人恆重之

孟子曰：「不仁者可與言哉？安其危而利其菑，樂其所以亡者。不仁而可與言，則何亡國敗家之有？有孺子歌曰：『滄浪之水清兮，可以濯我纓；滄浪之水濁兮，可以濯我足。』孔子曰：『小子聽之！清斯濯纓，濁斯濯足矣，自取之也。』夫人必自侮，然後人侮之；家必自毀，而後人毀之；國必自伐，而後人伐之。太甲曰：『天作孽，猶可違；自作孽，不可活。』此之謂也。」《孟子．離婁上》

一份成功背後至少由一種美德支撐，自重就是其中之一。機會垂青於自重的人。自重，是人類靈魂的支撐點，是成功的基石。在一個人的生命與成功的起承轉合中，自重起著不可忽視的重要作用。擁有它，將可以撬起成功這塊巨石。因為，自重者人恆重之，自重的人更容易獲得他人的尊重和理解，能夠瀟灑自如地面對人生，實現自己的人生價值。

若擁有高度的自重，言行舉止自然就會像是一個有思維能力的人，它能激發你的行為舉動，讓你的生活更好。如果一個人缺乏自重，便無法充分認識自己的行為，禁不住各種誘惑，最後必以失望和痛苦告終。

無論時局如何改變，能夠引領我們走出難關的美德是不會改變的。相信從這個故事中你也能看出來，「自重」便是我們應該學習的美德之一。

一個人自重的程度，對於生活的各方面都會產生深刻的影響。它決定了一個人如何工作、如何與人交往，決定能攀得多高、可能取得多大的成就。

總之，自重的價值不僅僅在於讓你做出正確決斷，它還可以讓你生活得更好、幫助你更堅強地迎接挑戰，抓住機會，走向成功。所以，在以後的日子裡，謹記得拒絕金錢、美色等不正當的誘惑，做一個值得自我尊重的人吧！

培養自制的能力

曾有人對各監獄的成年犯人做過一項調查，發現了一個驚人的事實：這些人犯案的原因，百分之九十是因為缺乏必要的自制，而就是這一點，嚴重地破壞了他們的生活。有一句俗話說：「上帝要毀滅一個人，必先使他瘋狂。」由此可見，失去自制的後果是多麼可怕。

人們都知道，現代的經濟活動須要服從嚴格的規則。所有偉大的成功者更是證明這一點：商業活動，往往需要道德力量的影響才能成功，事業的成功在很大程度上仰賴情緒控制和嚴格自律。一個明智的人能夠把握自我發展的主動權，駕馭自我，避免一些不必要的麻煩，使成功事業的道路變得更加平穩，從而使成功成為必然。

美國著名政治家富蘭克林曾和一位排版工廠的管理員發生誤會。管理員為了表達他的不滿，把屋裡的蠟燭全部藏了起來。好幾次，富蘭克林到庫房裡準備發表的稿子，卻怎麼也找不到蠟燭。

富蘭克林終於忍不住，奔向地下室找管理員理論，當他到那兒時，發現管理員正忙著燒鍋爐，同時一面吹著口哨，彷彿什麼事情也沒發生。

富蘭克林抑制不住憤怒，對著管理員破口大罵，足足罵了有五分鐘之久，當他再也想不出什麼罵人的語句時，管理員轉過頭來，臉上露出開朗的微笑，並以一種充滿鎮靜與自制的聲調說：「你今天有些激動，對吧？」他的話就像一把銳利的短劍，一下子就刺進富蘭克林的心裡。

想想看，那時候富蘭克林會是什麼感覺？站在富蘭克林面前的是一位文盲，他既不會寫也不會讀，雖然所做的事不夠光明磊落，他卻在這場「戰爭」中打敗了富蘭克林。更糟糕的是，富蘭克林的做法不但沒有為自己挽回面子，反而增加了他的羞愧。他開始反省自己，認識到了自己的錯誤。

富蘭克林知道，只有向那個人道歉，內心才能平靜。他下定決心，又來到地下室，把那位管理員叫到門邊，說：「我回來為我的行為道歉，如果你願意接受的話。」

管理員笑了，說：「你不用向我道歉，沒有別人聽見你剛才說的話，我不會說出去，我們就把它忘了吧！」這段話對富蘭克林的影響更甚於先前的話。他向管理員走去，抓住他的手，使勁地握了握。他明白，自己不是用手和他握手，而是用心。

在走回庫房的路上，富蘭克林的心情十分愉快，因為他鼓足了勇氣，化解自己做錯的事。

從此以後，富蘭克林下定了決心，以後決不再失去理智，因為凡事以憤怒開始，必以恥辱告終。一旦失去自制之後，不管是目不識丁的管理員，還是有教養的紳士，都能輕易地將你打敗。

在找回自制之後，富蘭克林身上也很快發生了顯著的變化，他的筆開始發揮更大的力量，他的話也更有分量，並且結交了許多朋友。這件事成為富蘭克林一生當中最重要的一個轉折點。後來，成功的富蘭克林回憶說：「一個人除非先控制自己，否則他將無法成功。」

如果問十個人為什麼沒有獲得更大的成就，賺來更多的財富。十個人當中至少會有九個人告訴你，他們並未獲得好機會。若仔細觀察這九個人的日常行為，將會發現，他們總在日常生活當中，因為一些無法自制的壞習慣，不知不覺地把送上面前的機會推開。

著名成功學家希爾和專賣手套商店的一名店員於櫃檯聊天。這名店員告訴希爾，他在這家商店服務已經四年了，但由於雇主的「短視」，他的服務並未受到賞識，因此，他目前正在尋找其他工作，準備跳槽。

在他們談話間，有位顧客走到他面前，要求看一些帽子。這位店員對顧客的請求置之不理，直到他把話說完了，才轉身向那名顧客說：「這兒不是帽子專櫃。」那名顧客又問，帽子專櫃在什麼地方。這位店員回答說：「你去問那邊的管理員，他會告訴你怎麼找到帽子專櫃。」

四年來，這位店員一直都不知道，他本來可以和所服務過的每個客人結為好友，而這些人將使他成為這家店裡最有價值的人，因為這些人都有機會成為他的死忠顧客，而不斷來光顧。但他無法在工作中克制自己，總是好高騖遠，對眼前顧客的詢問不予理睬，或是隨便敷衍兩句，把好機會一個又一個浪費掉了。

生活中有許多很好的機會，經常藏匿在看來並不重要的生活瑣事中，只有一個人發揮自制力，在瑣碎的細節內親力親為，才能抓住讓你成功的機會，體現生命本身的更大價值。

在一個陰雨綿綿的下午，有位老婦人走進一家百貨公司，漫無目的地閒逛，很顯然她不打算買東西。因為當時快到下班時間了，大多數的售貨員只看了她一眼，就各顧各地忙著收拾，對老太太不搭不理，惟恐老太太找他們麻煩。有一位年輕的女店員看到了她，立刻主動和她打招呼，問她是否需要什麼服務。老太太說，她只是來躲雨，不打算買東西。這位年輕人雖然急著收拾下班，也有些不耐煩，但她仍然對婦人表示歡迎，並且主動和她聊天。當老太太離開時，這名女店員還陪她走上街，為她撐開傘，老太太向她要了張名片就離開了。

幾天後，這名女店員被叫到老闆的辦公室，老闆向她出示了一封信，是位老太太寄來的，這位老太太特別指定這名女店員前往蘇格蘭，代表公司接下裝潢一所豪宅的工作。原來，老太太是鋼鐵大王卡內基的母親，她把這項交易金額巨大的工作交給了女店員，使這位女店員獲得晉升機會。試想，如果這名女店員也像其他人一樣，未克制住自己的厭煩情緒而不去招待老太太，她能抓住這個機會嗎？

在追求成功的過程中，我們不可避免地會受到情緒影響，在思考與計畫、為達到某項遠程目標接受鍛鍊、解決問題等方面，情緒的管理決定了心靈力量發揮的極限，因而影響我們的人生成就。

培養自制能力最重要的一點是養成良好的、規律的生活習慣。習慣的力量是巨大的，根除不好的習慣，同時養成一些好習慣。具備一定的自制能力，你將會終生受益。

要培養好習慣，學習自制能力，我們可以注意以下幾點：

1、控制自己的時間。

可以制定一個時間計畫表，把工作、休息及娛樂的時間都支配好，可以讓自己的生活過得充實。

2、選擇效法的對象。

雖然無法選擇工作的同事，但可以選擇自己效法的對象，挑選成功的楷模，向他們學習自制能力。

3、控制目標。

如果定下了長期目標，就要為這個目標奮鬥，直到實現為止。如此你還能統一協調自己的行動，並學會時間的安排管理。

4、控制憤怒。

憤怒時，可以做幾下深呼吸，讓軀體處於一種平衡狀態，情緒會得到一定程度的控制。然後，理智地分析一下憤怒的後果，進一步尋找解決的辦法，這樣很快就能控制自己的怒氣。

善忍的駱駝精神

職場如戰場，在職場中拼殺的人必會遭遇到困難、承受各種各樣的壓力。事業的低谷、人生的低潮和種種不如意，讓人彷佛置身於荒蕪人煙的沙漠，沒有食物沒有水，還找不到走出沙漠的路。可是，就算辨不出方向，也要像駱駝一樣不停地向前走，因為停下腳步就等於坐以待斃，向前走卻還有一線生機，而幸福和成功往往就在艱難和痛苦之後接踵而至。

莎莉·拉斐爾立志於播音事業。但由於當時的美國各家無線電台都只聘用男性做播音主持，她到各家電台應聘時，都被認為不能勝任，也無法吸引聽眾，而屢遭拒絕。好不容易，她在紐約的一家電台找到一份工作，不久卻被以「趕不上時代」為由遭到辭退，結果又失業了。

一天，她向一位國家廣播公司職員談起她的節目構想。「我相信公司會有興趣。」那人興致勃勃地說，沒想到不久後那人卻離開了國家廣播公司，她的美夢也跟著破滅。此後，她又先後與該公司的兩位職員洽談，卻被要求主持她並不擅長的政治節目。但是，她並沒有知難而退，而是把握住機會，通過自己的勤奮，使她主持的節目成為最受歡迎的節目。「我遭人辭退十八次，本來大有可能被這些遭遇所嚇阻，做不成我想做的事情；結果相反，這些遭遇反而鞭策我勇往直前。」拉斐爾這樣自豪地說。

莎莉．拉斐爾後來成為著名的電視節目主持人。在美國、加拿大和英國，每天都有八百萬觀眾收看她的節目。

許多要走入職場的社會新鮮人常常會對工作抱有天真的幻想，認為工作的機會很多，找工作很容易。因此，他們常常在屢次求職遭拒時產生挫敗感，把自己想得一無是處，甚至因為幾次受到挫折而放棄自己的理想。

現實中的競爭常常是激烈而殘酷的，職場中亦是如此。

無論是初入職場還是馳騁職場多年的老將都可能遭遇壓力的突然侵襲。對此，我們必須時常保持一顆平常心，並善於發揮駱駝善忍的精神，讓執著的信念支撐著你朝著既定的目標邁進，相信終有一天會迎來事業的綠洲。

職場中，很多人都願意去做那些輕鬆而又容易得到上司認同的工作，而不願意接手那些額外的，或是費力不討好的工作。儘管如此，這樣的工作還是得有人來做，很可能它就那麼不偏不倚地落在你的頭上。

這時候，滿臉的不情願或是抱怨個不停，並不是有氣度和有職業精神的表現，既然是不能夠拒絕的事，為什麼不能學習駱駝的負重、任勞任怨的精神，心平氣和地、爽快地接受呢？有時候承擔大家都不願意去做的事，反而是很好的出人頭地的機會，如果你惟恐吃虧而跟著其他同事一起推託，就等於是把機會往外推。如果你明知道會吃虧也義無反顧地承擔下來，不論是對自己或是對同事、上司而言，都是最好的結果。

當上司向你交代工作時，千萬不能說：「做不到！」或者「這太難了！」這麼回答很容易讓上司認為你是個「沒有能力、毫無韌性的人」。何況，一旦你有了第一次拒絕上司的經驗，第二次也會滿不在乎地拒絕，結果讓一次次的累積成為習慣，這才是最可怕的事。

因此，與其面對堆積如山的工作搖頭歎息或大發牢騷，不如靜下心來好好地自我調適。規劃好處理流程，一件一件地耐心執行，只要能夠度過難關，你的實力就會更上層樓，還能得到認可和信任。

勇於負重、任勞任怨不僅體現在認真做好本職工作上，也體現為願意接受額外的工作，能夠主動為上司分憂解難。

假如你的同事或上司在你已經忙得不可開交之時，又吩咐你做一件額外的工作，你會選擇接受還是逃避？

這時，我們不妨盡自己所能把它做好。原因有三：

第一，不論是誰的工作都是公司的事，只要不影響自己的工作，就應該為了公司整體發展，不分彼此同心協力。

第二，不妨把這次工作當作一次鍛鍊和學習的機會，多學一種工作技能，多熟悉一種業務，對自己都是有好處的。

第三，這也是展現自己才能和促進與同事之間關係的大好機會，如果你能夠盡心完成，一定會得到同事與上司的好感。

在這個知識與科技發展一日千里的時代，必須具備駱駝善於積累實力的精神，再加上超乎尋常的忍耐力，才能使自己在合適的時機爆發出驚人的能量。

如果你是一個初入職場的新人，就更應該懂得這個道理，謙虛地向老職員學習工作經驗，以彌補自己的不足。就算是資深的員工，也不應該墨守成規地工作，為了不使自己落後於人，也要不時地吸收新知，防止被這個日新月異的社會所淘汰。

要知道，財物會折舊，知識也會。當一個人年過三十或者四十，也許就會覺察到，最先走下坡的不只健康，還有腦袋。我們可以適時地檢視自己是否有以下這些表現：

1、很難與公司的新人達成工作上的共識。

2、難以完成比較有挑戰性的工作。

3、慢慢地感覺到力不從心，所學的知識有些不夠用。

4、對許多新興事物，例如新版的電腦軟體一竅不通。

5、缺乏有創意的提議和看法。

如果出現上述其中一種表現，就意味著知識吸收和工作能力已經在走下坡了。當前進的路上已經亮起了黃燈，就算有再強的承受困難和壓力的能力，也無法走完旅程，就像沒有食物儲備和缺水的駱駝，最終也可能倒在沙漠之中一樣。因此，就算曾是公司的三朝元老，就算擁有碩士、博士的學力，也必須抬頭面對不斷變化的現實。

但是，時間是那麼的有限，要學的東西又太多，那麼該如何是好？

事實上，我們不需要像職場新鮮人那樣，為了多多益善的證書而付出不必要的精力，只要學習和補充這個階段內最需要的知識就可以了。找到「充電」的切入點：一是職業所需的實用技術能力，二是對本職工作的能力培養有幫助的知識。

聰明的職員不會為了繼續深造而耽誤現有的工作。要知道，找到一份合適的工作不容易，「站住腳」就更難，如果顧此而失彼，就與職業精神不符，也就不會有相應的業績。

「充電」是為了更好地「敬業」。在職場生涯中，在培養「忍」的精神的同時，還要不斷地為自己補充能量，這才是馳騁職場百戰百勝的法寶。

守財必先守信

一九六八年，日本麥當勞社長藤田接受了美國油料公司訂製餐具刀叉三百萬副的契約。交貨日期為同年八月一日，於美國芝加哥交貨。

藤田組織了幾家工廠生產這批刀叉，但這些工廠一再誤工，到七月二十七日才完工。但從東京海運到美國芝加哥，路途遙遠，八月一日肯定到不了貨，到時必然誤期。若用空運，就會損失一大筆利潤。

商人都是追求利潤的。這時，藤田面對的，一邊是損失的利潤，一邊是看不見摸不著的信用。思量再三，藤田毅然租用泛美航空公司的波音七〇七貨運機空運，花費了三十萬美元的空運費，將貨物及時運到。這次藤田的損失很大，但贏得了美國油料公司的信任。

往後的幾年裡，美國油料公司不斷向日本麥當勞社訂製大量的餐具，藤田也因此得到了豐厚的回報。這就是恪守信用帶來的財富。

企業起步靠的不是資金，也不是知識，而是信用，是守信的美德幫了他一把。正所謂「人先信而後求能」，一個守信的人，能很容易贏得別人的信任，給自己的事業帶來更多良好的發展機會。

恪守信用是人的美德。它在商業領域已超出道德的範疇，變成創業致富的法寶。守信的力量是巨大的，它會讓人在遇到困難時得到真正的幫助，會在孤獨的時候得到友情的溫暖。因為信守諾言，可靠的形象就是自己最佳的宣傳，讓人在事業上獲得成功。若在追求成功的路上，失去了這個根本，別人不相信你了，不願再與你打交道，那麼，你只能孤軍奮戰。而孤軍奮戰者，成功的機率將非常渺茫。

某些情況下，也許可以發現，講究信譽、信守諾言的做法，會使自己吃虧，在不影響事業發展的前提下，請不用太在意，吃虧畢竟是暫時的。所謂有虧必有盈，為了信譽而受的短暫虧損，必會為長遠的事業發展帶來積極、持久的正面影響。

要讓你的信用代表你本人，讓你的名字走進每一個與你交手的人中，你要使他們信賴你，覺得你是一個可靠的人，這對你個人形象的樹立、個人事業的發展都是極其重要的。尤其在現在日益激烈的市場競爭中，重諾守信更應該是事業成功的一條準則和方法。平時，你可能看不到它的存在，計量不出它的無形的價值，但當你年終計算利潤時，它就會顯現在你的帳面上，讓你喜出望外。

遵守諾言看起來似乎很簡單，做起來卻相當困難，只要稍有疏忽，就可能無法守信。我們可以想一想：我們是否給別人良好的形象？是否輕易地允以承諾？是否值得他人委以重任？是否總是忘掉別人委託之事？當別人打聽事情時，轉達了多少次錯誤訊息？

這麼一問，我們可能自己會嚇一跳，發現自己並不是一個嚴格守信的人。那麼，應該怎樣做到恪守信用呢？

在許諾之前，要先對自己的能力作正確的評估，仔細想一想：「我真的能履行諾言嗎？」許諾是一件非常嚴肅的事，答應人家的就跟欠人家一樣重要。如果覺得自己做不到，或因感到得不償失而不願意去辦時，千萬不要輕率地向別人許諾。可以找任何正當的理由來推辭，但絕不要說「沒問題」，因為這樣頂多只會讓別人感到遺憾，總比讓別人認為我們說話不算數而產生不信任感要好，也不會因日後辜負所託而感到內疚。

對於已經許諾的事，我們應該認真地對待，努力地實現它。要知道，一個人的許諾價值千金，必須慎重對待。若丟棄信用這一根本，總是信口開河地隨便向別人開「空頭支票」，臨到頭來又不兌現，失信於人，不僅會昭示一個人的人格卑賤、品行不端，還是一種只顧眼前不顧將來的愚蠢的短視行為。這時，即使把理由說得頭頭是道，極為充分，人們也會對其產生不信任的念頭，這會破壞一個人的形象，影響其事業，使之一事無成。

如果做不到許諾的事，就應該及時通知對方，這樣可以避免不必要的損失。當然，對於已經受到的損失，我們應當負起責任，用行動說服別人的異議，讓他們親眼看到我們所做的努力都是為了他們的利益，這樣才會把失信於人的負面作用降至最低點，還自己一張可信的面孔。

將時間轉化為財富

我們不難發現，在身邊經常會有遲到早退或不能按時完成工作的人，他們經常受到上司的斥責甚至解聘。他們之中不乏才華洋溢、能力突出者，可是總因為時間觀念的問題而屢屢受挫，頗不得志。

如果不想做這樣一個在職場上的「懷才不遇」者，如果還想做出一番成就，那就必須像公雞一樣，做一個嚴格守時的人。

要做一個嚴格守時的人，就不要為任何遲到尋找藉口。譬如鬧鐘故障、家事纏身、塞車等各種理由，都不應該成為藉口。我們應該知道，遲到就是遲到，違反公司紀律，將給公司帶來不良影響。尤其是在跟客戶約定的時間內，一個人的遲到損壞的是團體的形象，帶來的是公司和客戶雙方的損失。在許多重大的問題上，一個人是承擔不起這個責任的。

做一個珍惜時間的人，要充分利用上班時間，提高工作效率。不在上班時間跟人閒扯，不接聽冗長無聊的電話，更不能「身在曹營心在漢」，想著辦公室外的花花世界，把自己弄得魂不守舍。要把全部的心思和精力都投注到自己手邊的工作上，有效地提高工作質量，提升工作效率。

做一個珍惜時間的人，要按時完成自己的工作。縱然有再優秀的企畫方案，或是再完美的工程設計，如果落於他人之後，便會失去一鳴驚人的好時機。

一位有名的廣告企畫到大學演講，和同學們分享他的經歷：「我和我的同事同時參與一家大公司的競標。經過大量的資料收集和細心的準備，我們幾乎在同一時間完成了各自的競標企畫。但在趕往標案會場途中，我的車子突然故障，晚了半小時到達會場。而在這半小時內，我同事憑藉嶄新的設計和長遠的規畫，再加上她引人入勝的報告，已深深地吸引了客戶的決策人員，對方的主管當下便決定採用同事的方案。

「老實說，我的企畫案絕對不比同事遜色，只是因為事故而遲到，就讓我喪失了競爭的機會。我到現在還經常為那次落選感到不甘心。因此，無論做什麼事，同學們都應該提早做好準備。遇到重要場合時，建議大家要提早到場，一來能留點時間做緩衝，二來可以避免發生這種遺憾了。」

有時候多花一點時間，反而能讓我們更有效率地處理工作：每天提早五分鐘左右上班，利用這短短的幾分鐘，使自己的心情穩定下來，準備迎接一天工作的挑戰。下班後用一點時間整理好桌面，把重要文件歸檔，並安排好第二天的行程。如此，可以讓我們快速進入工作狀況，也省下那些慌張失措的時間。

亞都麗緻飯店總裁嚴長壽的第一份工作是送貨小弟。他每天會提早上班，將所有資料、文件仔細分類，並安排好送貨的路線。這樣的事先計畫，使他每天都能迅速有效率地達成任務，而且還能空出時間做許多事，不但對公司有貢獻，也奠定日後成功的基礎。

嚴格守時的職場中人，會一心一意地做自己的本職工作，拒絕一切不必要的時間浪費。我們可以從以下三個方面杜絕時間浪費：

第一：根除自己浪費時間的行為習慣

1、拖拖拉拉，時斷時續。想做在職場上成功，乾脆利落、雷厲風行的作風是必須要具備的。在接到信或電話的同一天盡量回信或回電話，可以省去複讀的時間。

2、優柔寡斷，三心二意。在工作中左右搖擺，給人極不踏實的感覺，也得不到實踐經驗的積累。我們應該在工作中培養果斷決策的能力，像公雞為自己的鳴叫充滿自信一樣。

3、過分追求完美。有些事情只需要完成就可以了，並不要盡善盡美。培養辨清輕重緩急的能力，將精力投注在那些真正重要的事情上。

第二：排除一切外界的干擾，為自己節省更多的時間

1、拒絕無聊的約會。不必要的約會不僅會增加經濟負擔，也耽誤不少時間。

成功的時間管理人士說：「你情願排隊等一小時購買一份三十元的早餐，還是多花三十元到兩百公尺外的早餐店？假若你能在一小時內創造比三十元更多的財富，那麼就應該做出合乎機會成本的選擇。」

2、巧妙應付意外的拜訪。在工作時限快到時，突然接到一通老朋友的問候電話怎麼辦？建議你用一些措辭結束這種干擾，例如：「在我們掛電話之前……。」來長話短說，結束這類冗長無意義的電話。

過去的客戶沒有事先通知突然造訪，你不妨向他道歉，說你的日程已排得很滿，希望能有另外一個寬鬆的會談時間和場所，可以聊聊不便公開講的事情；如果是無法推諉但與工作關係不大的見面，更不應該占用上班的時間。

第三：改變日常習慣，「創造」時間

1、打電話前，如果需要溝通的項目很多，可以簡單寫下來，依次解決。避免反覆致電浪費許多時間。

2、定期整理文件夾和辦公抽屜，處理掉多餘的東西，避免雜亂。

3、有不明白的事，直接開口請教知道的人。

4、挑非巔峰時間購物、吃飯或去銀行。

5、文具等必需品可一次大量訂購，節省購物時間。

只要找出處理每一件事情的的方式，自然就能會自己留下更充裕的時間。

有許多職場人士，整日「兩眼一睜，忙到熄燈」，還是深感時間不夠用。他們精疲力竭、來去匆匆，卻無法從容自如，甚至不能按期交付工作。這是因為他們不懂得利用時間，不善於為重要的事情安排先後順序。

剛晉升為經理特助的職員對其同事說：「時間像牙膏，擠一下就有了。我們可以用等人、等車及坐車到達目的地前的時間來看書、安排行程、做一些簡單零碎的工作；不要浪費看電視的時間，可以一邊看一邊做些小事情，例如擦鞋、縫扣子、拆信、運動等等；不能一邊想著工作一邊又想跟同事『抬槓』，如果有重要工作急須完成，就應該暫時遠離同事，迅速地完成工作；如果你總是比預計行程慢半拍，試著把錶撥快五分鐘，提早開始進行，這樣可以使你做事更從容。」

時間對每個人都是公平的，不善於「擠」，就會跟許多平庸的職場人士一樣，庸庸碌碌地過完一生。

一位成功的職場人士說：「我通常把信件放在隨身的公事包裡，上班的途中，就可以翻閱所有的信件，到達公司時，回信已經擬好了，工作就少了一件。」

將每一刻發揮到最大效率，並不意味著要將自己弄得十分緊張，我們也應該學會忙裡偷閒，適當的休息會使你工作的效率更好。例如在中午休息一會兒，會使你精力充沛。保持運動習慣，也能使你頭腦清醒、身體健康。

要善於利用科技。現代人會用手機等隨身工具處理公事，但重要的檔案仍應該在電腦上分類歸檔，當你需要某些資訊時，從電腦上搜尋還是比較有效率的。

除了善用時間工作外，根據事情的重要性排定處理順序，也能幫助我們不被那些瑣事影響到重要的進度。

把所有必須完成的工作列出來，然後，依照以下的重要性加以分級，排定優先順序：

第一，緊急而重要的。如大型企畫案的制定。

第二，緊急而不重要的。對外的連絡事項等。商業合作講求誠信，一旦拖延了損失的可是無形的信譽，即便不是分內的重要工作，也可以盡早處理。

第三，重要但不緊急的。雖然沒有設定期限，但早點完成，可以減輕工作負擔，增加工作表現的事。如工作的長遠規畫、每月的例行事務。

第四，既不緊急又不重要的。如日常生活的瑣事。安排計畫時，我們還可以參考如下兩個原則：

1、保持重點

所有成功人士都會謹記自己的當務之急。一位剛升遷的雜誌主編，他的辦公桌上始終放著最新一期自家的雜誌，這樣，無論何時他被一些小事分散了注意力時，只要看到那本雜誌，他就會及時回到正道上來。

也許你沒有那麼多時間每天制定計畫，但不妨在自己的辦公桌上建立一個行動一覽表，把每天要做的前幾件大事記錄下來，時刻關注著它，以便追蹤自己的執行情況。

2、八十／二十法則

確定你表格中的哪項任務是最重要的，方法之一就是八十／二十法則。

某一銷售員在第一個月賺了一千元，分析銷售數據後，他發現他百分之八十的買賣來自他百分之二十的客戶，但是他對所有客戶花費了同樣的時間。於是，他把最不活躍的客戶擱到最後，把百分之八十的精力集中到最有希望成交的百分之二十客戶身上。不久，他的業績果然快速成長，並成為公司的副總經理。

想贏得比別人高的評價、獲得比別人多的成就，就必須先學會巧妙地運用時間。

我們在安排計畫的輕重緩急時，應該學習把能得到最大效益的事項擺在最優先的順位。

我們可以每月、每週，甚至每天都制定計畫表，如此可以幫我們掌握自己的工作。習慣之後，甚至不用擬定計畫，也可以分辨輕重緩急。

錢要花在刀口上

許多人之所以成功，是因為「腳踏兩條船」，一條船是「勤」，另一條船是「儉」。程度上，「儉」更為重要。

節約，是世上所有財富的起點。世界上沒有其他品德能像節儉那樣可能使一個窮人發財。

大仲馬曾精闢地論述道：「節約是窮人的財富，富人的智慧。」

但節儉決非一時心血來潮的行為，它是習慣和明智的結果。節儉不是為了存錢而存錢，而是努力做到物盡其用。想變得節儉，最好的方法是認識節儉的價值。多賺少花，合理分配收支，不輕易舉債，這對成功是不可或缺的。

有位年輕人在美國賓州的一家印刷廠工作，他想自行創業開間小印刷廠。年輕人拜訪一家印刷材料供應站的老闆，表明他的意願，並表示希望對方能以貸款的方式賣給他一部印刷機及一些小型的印刷設備。

這位老闆的第一個問題就是：「你自己是否有些存款呢？你是怎樣擁有這些存款的？」

這位年輕人確實存了一些錢。他每個星期固定從他那僅三十美元的週薪裡拿出十五美元存入銀行，而且，這個節儉儲蓄的習慣已經保持了近四年。

因此，年輕人獲得了他所需要的貸款，購買了機器設備。後來，對方又允許他以這種方式購買更多的設備。不久，他擁有賓州規模最大、最為成功的一家印刷廠。這位年輕人的名字是班傑明．富蘭克林。

從富蘭克林的成功我們可以看到，機會只會提供給那些做好充裕準備的人。即便不是從事高薪的工作，也能透過節儉的生活替自己累積資本。而能否做到節儉，在很大程度上與我們能否合理支配金錢有關。

如果一個人沒有錢，而且尚未養成節儉的習慣，那麼他將永遠難以使自己獲得更好的機會。這看來可能是個悲哀而殘酷，但卻是一個不折不扣的「事實」。在今天的世界裡，正有數以萬計的人，因為忽略了養成節儉的習慣，以至於終生須勞苦工作。

金融巨頭摩根直言指出，他寧願貸款一百萬元給一個品德良好且已養成節儉習慣的人，也不願貸一千元給一個品德不端正、只知花錢的人。

若想成功，成為真正的富人，讓自己的錢為自己工作，就要懂得金錢的價值，學會節儉，把錢花得有意義。正如富蘭克林在日記中寫道：「既不要做借債之人，也不做放貸之人；放貸常會失去自己和朋友，借債則會失去節儉之優勢，破壞節儉之美德。」

從現在開始，趕快制定一個積蓄金錢的計畫，恰如其分地規劃你的支出，控制你的金錢。一旦制定，就要嚴格執行。這樣，才會日漸成為一個有著良好節儉品德的人，才會踏上成功的起點。

比報酬更重要的事

一個人若只是為薪水而工作，把工作當成解決麵包問題的一種手段，沒有更高尚的動機，是非常不可取的。如此做下去，雖是終日勞苦，但是永遠得不到好的報酬，到頭來，被欺騙最厲害的不是別人，而是他自己。

一位晉升迅速的員工，讓周圍所有人驚訝不已，試問其升官的秘訣，答道：

「這個嘛，很簡單（笑）。剛開始我到這間公司上班後不久就發現，每天下班後，所有人都回家了，可是老闆依然留在他的辦公室內工作，而且常常會待到很晚。另外，我還注意到，加班的時候，老闆經常需要有人幫他調閱各種不同的文件，或是替他做一些重要的雜務。於是，下班後我也不回家，待在辦公室協助他。雖然沒有人要求我留下來，但我認為我應該這麼做。必要時，我可以為老闆提供任何所需要的幫助。就這樣，時間久了，老闆自然而然就養成了呼叫我的習慣，我也在協助老闆的過程中，對公司的業務有更深的了解，讓老闆能將重責大任託付給我。這就是事情的經過。」

這樣做有獲得額外的報酬嗎？當然沒有。這位升遷之快的員工沒有獲得任何物質的獎賞，但他獲得遠比金錢重要的東西：一個成功的機會。要知道，在這個世界上還有比薪水更為可貴的事情，那就是盡自己的能力，正直而純粹地辦事。

我們應該明白，公司支付金錢作為工作代價，而我們在工作中的所得，乃是比金錢價值高出千萬倍，用金錢也買不到的珍貴的經驗、難得的訓練，發展自己技能的空間。

而且相信誰都清楚，在公司提拔員工的標準中，員工的能力及其所做出的努力，占有很大的比例，沒有一個管理者不願意得到一個能幹的員工。只要你是一名努力盡職的員工，總會有擢升的一日。

所以，你永遠不要驚訝某個薪水微薄的同事，忽然被提升到重要位置。若說其中有奧妙，那就是，他們即便得到與你相同，甚至比你還少的微薄薪水，也從不將過多的精力用在計較薪水的多寡上，而是注意工作本身所帶來的價值，如技能的發展、寶貴的經驗，為此，他們付出了比你多一倍，甚至幾倍的努力。

正所謂「欲成大事者不拘小節」。

但大部分人，不知道升遷是建立在把自己的工作做得比別人更完美、更迅速、更正確、更專注而不計報酬上。他們始終認為自己所得的薪水不應這樣微薄，他們抱怨不休，為報復上司，甘願放棄比薪水更寶貴、更重要的自身能力的培養，而敷衍地工作。

殊不知，一個人的心中一旦產生這種想法，無異於親手消滅自己的創造力、埋沒自己的才能、斷絕自己的希望，使自己成為領袖的可能性得不到發揮。最終，只能做一個庸碌、狹隘的懦夫。

愛默生說過：「因和果，手段與目的，種子與果實，是不能分割的。因為『果』早就醞釀在『因』中，目的存在於手段之前，果實則包含在種子中。」

如果我們渴望好的結果，那麼一開始便應該抱持良好、正確的心態。

假如想成功，對於自己的工作，最起碼應該這樣想：「我投入職場是為了公司，更是為了自己而工作。薪水的多與少不是我工作的終極目標，我所看重的是，我可以因工作獲得大量知識和經驗，以及躋身成功者行列的機會，這才是有極大價值的報酬。」

假如你現在還沒有成功，但你覺得自己已經盡最大的努力，且覺得這些努力足以讓你成功。那麼，重新審視一下，也許會發現，自己在做事時過多地為「報酬」勞神費力。

如果事實的確如此，趕快拋下這一想法，積極培養你「不計報酬」的美德，在它的扶助下，一件不起眼的小事，也可能會使你得到晉升機會的垂青。

真誠，做人處事的根本

林肯曾說過：「如果想贏得成功，先讓別人感覺到你的真誠。」

富蘭克林也說：「一個真誠的農夫比一個邪惡的王子更高貴。沒有真誠就不會有收穫。」

在美國，曾有心理學家針對人際交往中最吸引人的特質做過調查，結果發現，在五百五十種人品中，得分最高的就是真誠。

真誠是一種美德。一個真誠的人會使人產生溝通、深交的欲望，給人可信賴的安全感。相反的，一個不真誠的人，說話做事都會令人反感，這樣的人當然不會成功，即使他能有財富和地位，那也只是暫時的。

三國時期的劉備三顧茅廬請出諸葛亮，諸葛亮正是被劉備的真誠所感動，才答應輔佐。如果劉備沒有以真誠打動諸葛亮這位隱士，便無法建立蜀國，也不會有後來三國鼎立的局面了。

在追求事業成功的道路上，只要你真誠地對待別人，就可以打開對方的心靈之門，因為「以誠感人者，人亦以誠相應。」

美國女記者基泰斯，在日本東京小田急百貨公司挑選送給婆婆的見面禮，售貨員以日本人特有的彬彬有禮的服務，幫助她精心挑選了一台電唱機。

基泰斯回到住所試用時，卻意外發現電唱機竟然是空心的，根本無法使用。她怒不可遏，當晚就寫了一篇新聞稿，題為〈笑臉背後的真面目〉，並傳真到她所任職的美國報社。

次日清晨，一輛汽車開到她的住處，從車上走出的是小田急百貨公司的副經理和拎著大皮箱的職員，他倆一進客廳便俯首鞠躬，表示歉意，基泰斯十分吃驚地問他們是如何找到這兒的。

那位經理講述了大致經過。原來，前一天下午檢查商品時，他發現將一個空心的貨樣賣給了顧客，於是，他迅速召集人員商議，費盡周折，從顧客留下的一張美國某報社的名片裡發現線索，打了三十五次越洋電話，總算從美國紐約得到顧客東京婆婆家的電話號碼，並找到了顧客住所地。接著，經理親手將一台完好的電唱機外加唱片一張、蛋糕一盒奉上。

小田急公司的真誠深深打動了基泰斯。她馬上打越洋電話到美國報社，告知報社說又有新的稿件發出，昨天傳真的稿件不要刊登。她隨後又趕寫了一篇新聞稿〈三十五次緊急電話〉。後來，報社考慮到她兩篇稿件的觀點不同，配上編輯的話將兩篇稿件全部刊登。後來，日本多家報紙也有刊登。小田急百貨公司的真誠得到了回報，知名度大大提高，經濟效益也隨之快速增長。

為人真誠，這是我們贏得人氣與支持的第一原則，也是事業順利發展的重要保證。

香港企業家李貴輝僅用了短短十幾年的時間，便擁有了龐大的企業，同時還贏得了許多榮譽。他能如此迅速致富，與他的真誠品格有著直接的關係。

有一次，一名中國員工的母親病重，他知道後立即打長途電話給當地的醫院院長，要求他們盡力搶救，並由公司支付醫藥費。除此之外，他還經常幫員工排憂解難，讓他們沒有後顧之憂把工作做好。李貴輝在生活上、經濟上對員工們的真誠關愛，得到了員工們的支持與尊重，工作起來盡心盡責、任勞任怨，這為李貴輝企業的發展奠定了良好的基礎。

社會上有一些人，認為真誠只不過是一種理想狀況，戰勝不了現實。所以，他們常會為了眼前利益，而拋棄了真誠。他們還自認為耍手段是真正的高明，但這樣做，得到的只是一時的利益，卻失去了為人的根本。一旦走到這一步，離失敗也就不遠了。

真誠絕不只是一種理想，而是人在和現實搏鬥中內心的最後一道防線，就算遭到無情的打擊，也不能放棄這最後的真誠。

為了我們嚮往已久的成功，首先就試著遠離虛偽和欺騙，做一個真誠的人吧！

誠實以對

誠實是人們最基本的處世美德，也是決定一個人能否取得成功的重要條件。誠實的重要性，就和做正確的事一樣重要。不管是在什麼時候，也不管是在什麼情況下，誠實都能幫你走上成功之路。

美國紐約市一家知名廣告公司的職員——哈里斯，用餐途中碰到乞討度日的青年流浪漢——瓦倫丁，哈里斯動了側隱之心，伸進口袋掏錢卻只掏到信用卡一張。瓦倫丁看出了哈里斯的尷尬，小聲地表示：如果您願意相信我，能將這張信用卡借我用嗎？除了買些生活必需品外，我還想用它買水……。哈里斯答應瓦倫丁的請求，雖然隨後他很懊悔，深怕青年流浪漢就此消失。

用餐完畢，剛踏出餐廳大門，發現瓦倫丁已在外頭等候，他雙手將信用卡遞給哈里斯，恭敬地將自己消費的數額明細一一報上。面對這位誠實守信的流浪漢，哈里斯詫異的同時，更多的是感動。

紐約郵報也被瓦倫丁的誠實所感動，刊出報導，頓時在社會上引起了巨大反響，報社不斷接到讀者的來信來電，紛紛表示願意幫助瓦倫丁。德克薩斯州一名商人看了報導後，便給瓦倫丁匯款六千美元，以獎賞他的誠實。

更讓瓦倫丁驚喜的是，之後接到威斯康辛州航空公司的電話，表示願意招聘他擔任公司的空中服務員，希望與他簽訂工作協議。

沉浸在喜悅中的瓦倫丁感慨地說：「從小母親就教育我，做人一定要誠實守信，即使身無分文流落街頭，也不能夠把誠信丟掉。我之所以能得到這麼多人的幫助，是因為我始終相信，誠實的人，總必會有好報！」

由此可見，誠實不僅具有道德價值，而且還蘊含著巨大的經濟價值和社會價值。一個有誠實美德的人，能讓他人產生信賴感，讓人樂於接近，在贏得別人信任的同時，也能為自己的生活和事業帶來莫大的益處。

然而，仍有一部分人認為生意場上爾虞我詐，誰的騙術高，防範到位，誰就是最終的勝利者。然而，實際上並非如此，那些都是短視的行為，要想長期獲利，必須誠實待人。

范蠡的老師計然善做生意，並且很有名氣，虞孚因不甘困苦，曾向計然討教致富的方法，計然就把種漆樹的技術教給了他。那時候，漆的銷路很好，如果掌握了種漆樹的技術，便可發財。

學成之後，虞孚種了三年漆樹，收穫了數百斛漆，這對於他來說，已足以發一筆不小的財，他打算把漆運到吳國去銷售。當時，漆在吳國很短缺。當消息傳到吳國後，吳國的中盤商異常興奮，一直迎到郊外，並幫他安排好食宿，看到虞孚的漆是上品，就約好過幾天用金幣來購買。等中盤商一走，虞孚就把事先準備好的漆葉之膏和入好漆中，想欺騙人家牟取暴利。等約期到了，吳國的中盤商看到漆的封條是新的，就產生了懷疑，沒有當下成交。過了二十天之後，漆變得無法用了，商人們也就不要了。虞孚沒辦法回國，只能在吳國行乞，最終死在吳國。

誠實是致富的先決條件，商人都是以最大的利益為目的，在商業行為中心存僥倖的想法是很難蒙混過關的。經商一旦失去了誠實，那麼也就失去了一切可能成功的機會。

商業成功的人大都比較誠實，因為他們不僅希望誠實地對待別人，更希望別人誠實地對待自己。他們知道，商場中最大的危險，就是不誠實。他們所說的每一句話，所採取的每一個行為，都將迎來與之相應的回饋。如果他們對其他人採取了欺騙行為，那就是自取滅亡，而如果他們是誠實的，就能保證他們在順境時有人助，在逆境時有人扶。

吉姆．伯克是美國強生製藥公司的總裁。在二十世紀八〇年代初期，該公司的重點產品泰米諾爾膠囊在芝加哥被當成殺人工具。手法很簡單：兇手把膠囊中的醋氨酚粉劑換成氯化物，裝瓶後再把它放回貨架上銷售。雖然產品本身並沒有什麼問題，但由於人們已經對它產生了恐懼心理和不良印象，所以銷量銳減，伯克也面臨破產的危險。

在這危急的時候，吉姆．伯克發表了真誠的談話，他對人們說：「一個擁有六十億美元資產的跨國公司，就像一個孩子多、負擔重的貧困家庭……它希望用自己的真心來換取大家的真心……現在我們同在一艘小木筏上，隨波逐流，面臨同樣險惡而孤立無援的境地。我們應當同舟共濟共渡難關。」這些話雖然十分淺顯，但卻令人感到溫馨和感動。

伯克當初也沒想到，他誠實的話竟然換來了大家的信任、合作和諒解，不僅保住了泰米諾爾這個牌子，而且還維護了自己公司的形象，使公眾認識到，吉姆．伯克就是他們的朋友。結果，這次風波之後，泰米諾爾膠囊的銷量不但回升，而且還超出了出事前水平的百分之五十。吉姆．伯克用誠懇創造了奇蹟。

一個人欺騙另一個人的最明顯的動機，往往是為獲得個人好處。在這種情況下，這些人的本質是陰險的，你要正視現實，識破這些欺騙，並養成真誠待人的習慣，從自身杜絕欺騙的發生。

如果一個人喜歡耍小聰明，過於精明從不以誠待人的話，他的不誠實將會成為導致失敗的直接原因。所以我們應該停止一切不誠實的行為，多從別人的角度去考慮問題、處理問題，用誠實來換取別人對我們的信任和坦誠。

自重宣言

很多人都在不同程度上具有不勞而獲的欲望，這種欲望引導人不知不覺地放棄了誠實。並且，它還能加深人的錯覺，讓人一如既往地做下去，對現實完全辨認不清，最終導致不良後果。所以，如果想獲得持久性的成就，就要控制自己這種不勞而獲的想法。在做事之前，反覆檢查一下，以便肯定自己沒有受不勞而獲的想法驅使。如果任憑不勞而獲的欲望肆意膨脹，失敗遲早在等著自己。

如果你已經具備了誠實的美德，就不要因別人說你太木訥不夠精明而放棄。你要知道，商業上沒有比「誠實」更強而有力的東西，你的誠實絕不會是你成為商界明星的阻礙，而是你的一大優勢和財富。

正直的品格

心理學家研究發現，正直作為崇高的道德感情，會對人的思維及其結果產生積極影響，從而成為追求成功的巨大動力。而卑下的感情則會對思維活動產生消極影響。

假如一個人不能把持伴隨正直而生的道德標準，他往往就會去追求眼前的蠅頭小利，甚至會誤入歧途，很難邁向全方位的「個人卓越」。反之，如果你能建立正直的道德標準，就可以掃除眾多阻礙，而獲得個人真正的成功。

陳定南當宜蘭縣長時，堅持公共工程要有品質，稍有瑕疵，便要求包商務必調整到好，甚至不惜拆除重建，絕不妥協；嚴格取締水泥廠汙染，讓空氣汙染的宜蘭縣獲得明顯改善，使蘭陽平原青天再現；不畏強權，擋下蜜月灣開發案，為地方守住海岸線，避免環境破壞。他有著「青天縣長」的美譽，加上其個性嚴明，有「陳青天」之稱號。

從工程到事務，陳定南不容許任何錯誤，總以高標準檢視。他嚴以律己，也嚴以待人，是個完美主義者。很多人說陳定南做事「龜毛」、「吹毛求疵」，但這其實是一種一絲不苟的態度。對陳定南來說，正直、清廉是最基本的要求，執著與認真的精神，是陳定南真正要樹立的典範。

正直的品格相對於成功還有另一個更為重要的貢獻。絕大多數人的成功，都需要他人的協助與合作。若想獲得他人的幫助和支持，就必須讓他相信我們的確值得助上一臂之力。而正直的美德會成功地把你推銷出去，讓他人信任，與你維持滿意的互助關係。

一個人是否正直，決定了一個人的形象。只有保持正直的品行，才會具有足夠的吸引力和說服力，從而在事業上大有作為。

自重宣言

有一句歐洲諺語說：「幾何以直線為最近，修身以正直為最好。」那麼，應該怎樣才能培養自己正直的美德呢？最好的辦法就是內心正直；若想用正直贏得他人信賴，最可靠的辦法，就是充實自己、說到做到，讓自己成為所有人都願意放心信賴的人。

要想給人留下正直的形象，只有逐步培養正確的道德觀，提升生活的道德層次，發展正直的品格，這樣我們才能獲得真正成功的條件。

然而在許多人心目中，「正直」一詞也許早已變得非常落伍，儘管沒有人敢宣稱正直的人就是傻瓜，但的確有不少人已不把正直的品行放在心上。他們追求的一切東西，看起來都無需什麼品行、道德來加以保障。也有許多人，只知虛情假意，故作姿態地拚命塑造正直的表面形象，卻不願培養真正的正直的品格。他們也許認為，只有蠢貨才會那麼看重正直的品格。

不過，現實完全不像這些自甘墮落的人所認為的那樣簡單。在努力邁向成功的過程中，正直的重要性，絲毫不遜於智力，也不遜於做事技巧。當一個人失去了正直的美德，也就失去獲得成功的基本條件。一旦遭遇困難，往往易被擊敗。

盡責盡職的人最可愛

許多人在走進辦公室的那一刻起，心中就開始琢磨如何討老闆歡心、如何擺平同事、如何盡快升職加薪……。但是越是抱持這種態度，現實往往越令這些人失望，他們渴望得到的東西離他們越來越遠。就像牧羊犬離開羊群就不能稱為牧羊犬一樣，作為團隊中的一員，只有負起自己的責任，忠於職守，才有可能在團隊中找到自己的位置。

作為辦公室的新人，我們要明白的第一件事應該是自己的工作是什麼，這就像牧羊犬要知道羊群在哪裡一樣。然後要付出心力，努力地將工作做到盡善盡美。始終都應該保持牧羊犬式的忠誠與專注，因為這是我們的責任。以下的故事讓我們明白責任感是怎樣影響一個人工作的。

在外貿公司上班的業務助理對目前的工作狀況很不滿意，他忿忿地對朋友說：「我的上司一點也不把我放在眼裡，如果再這樣下去，有一天我一定會把辭職信丟到他臉上走人。」

「你對你工作的職掌了解得很透澈了嗎？公司進行跨國貿易的模式都清楚了沒有？」

他的朋友問道。

「沒有！」

朋友把水遞給業務助理，試著安撫他的情緒：「我建議你先靜下心來，認真地對待工作，好好地把公司的談判技巧、商業文書和公司組織完全摸清楚，連簽訂合約的國際禮儀也學起來了以後，再一走了之，這樣做不是既出了氣，又能有許多收穫嗎？」

業務助理聽從朋友的建議，開始偷記偷學，甚至下班之後，還留在辦公室研究寫外文商業書信的方法。

半年之後，那位朋友又談起這個話題：

「你現在大概都學會了，可以準備拍拍屁股走人了吧？」

「這個嘛……可是我發現這幾個月來，不知道為什麼老闆常常誇獎我，最近除了幫我加薪，還升我為小組長。這樣我怎麼好意思一走了之呢？」

「我早就料到了。」他的朋友笑著說：「當初你的主管不重視你，是因為你責任感不強，又沒有認真學習。只要你努力學習，能夠承擔的任務多了，能力也變強了，當然會令他對你刮目相看。陷入對工作的埋怨，卻忘記反省自己的工作態度，這是我們常犯的毛病啊！」

由此可見，責任感不僅能改變你的工作態度，還能改變你的人生境遇。

有責任感的人不會抱怨自己的工作，在他的眼裡，越是別人不願意做的苦差事，越應該做好，這樣才能提高整個團隊的效益。

但是只完成公司交代的任務還不能叫有責任感，只為了追求晉升和賺錢也不能算是有責任感，一個有責任感的員工應該能夠創造性地完成工作，他的工作應該能夠提高整個團隊的效率。

下面的想法就是沒有責任感的表現：

1、我今天終於完成了我的工作。

2、速度要快，質量其次。

3、其他人的工作與我無關。

4、我的工作能夠得到他人的幫助就好了。

如果整天抱著這樣的想法，工作就會失去動力，無精打采。

一個人如果不具有工作責任感，那麼不管他的工作條件多麼好，他也會讓成功的機會從身邊溜走。

其實，具有責任感並不難。當你開始認真考慮自己的人生和工作時，責任感便會悄然而生。換句話說，因為責任感，你的態度便由消極轉向積極了，不再把「輕輕鬆鬆地升職加薪」當作信條，而且不論做什麼工作都能夠從中找出意義之所在。

不過，真正具有責任感的人並不多。很多人對自己應做的工作斤斤計較，因為他們只把工作當作人生的跳板，他們從不認為工作有什麼責任可言，而只是希望通過工作得到金錢、地位等。

可惜，當一個人不能真正熱愛工作時，工作就常常帶給他無盡的煩惱。很多人只把工作當作賴以生存的手段，而缺少責任感，因此很難真正愛上自己的工作，更不用說是在工作中成長了。但是一個人如果不在工作中完善、成長，無論如何也無法體現自己的真正價值。或許，在你周圍，有些工作是每個人都不想做的「討厭的工作」，大家對這樣的工作，都有一種避之猶恐不及的態度。

但是工作總是要有人來做的，於是眾人只好暗自祈禱這差事可別降到自己的頭上。如果這時你表明自願做這些沒有人想做的工作會如何呢？

這不但能贏得同事的尊敬，更能夠得到上司的認同和賞識。有時候甚至還會讓上司對你心存感激。

當然，這也必須要有積極挑戰的準備。因為這一類工作大都非常辛苦且吃力不討好，即使付出了全部的心力，也不一定能達到效果。雖然如此，你還是必須勇氣百倍、默默耕耘，這才是有責任感的表現。

如果你認為這麼做會吃虧，因而與其他人一樣排斥這個工作，那你就和其他人一樣，永遠不能出人頭地。

如果你是個部門的主管，因為對下屬的工作能力不信任，大小事都親自過問，這不是有責任感的表現。因為這樣整日忙忙碌碌，一刻也不停歇的主管，對於團隊來說，並沒有負起相應的責任。

你應該學會給那些下屬指引方向，讓他們在所分配的工作範圍內，快樂地、有創造性地工作。

勇敢地承擔責任，在危機出現時，作為領導者的你應該站在最前面，就像帶領羊群在風雪中前行的牧羊犬一樣，而不是指責你的下屬。

在美國南北戰爭中，有這樣一位將軍，當他的部隊節節敗退的時候，他勇敢地衝到最前線，大聲招呼著士兵們向前衝，結果軍隊的士氣大振，最終取得了戰爭的勝利。

一個有責任感的上司，他知道把自己的責任轉嫁給下屬意味著什麼，所以他不會那樣做。

你不妨在你成為團隊領導人的那一天就為自己寫下這樣的話：

1、我的責任高於我的權力。

2、訓練下屬是我的責任。

3、我的目標是團隊的飛速發展。

4、我應該承擔過失並帶領大家走出危險區。

如果你有很強的責任感，能夠接受別人不願意接受的工作，並且從中體會出辛勞的樂趣，那你就能夠克服困難，達到他人所無法達到的境界，並得到應有的回報。

事實上，這一類工作往往比那些表面看起來光鮮亮麗的工作，更能激發人的鬥志及潛藏的樂趣。

不僅如此，這也是你展露才能、勇氣和責任心的大好機會。有時候，即使你有這份心，也未必有這樣的差事讓你做。所以，碰到這樣的自我表現的機會時，更應該心存感謝才對。

忠誠的魅力

一項對世界著名企業家的調查中，當問到「你認為員工最應具備的品德是什麼？」，他們幾乎無一例外地選擇「忠誠」。

忠誠是最應值得重視的美德，因為整個企業或團體的發展與壯大都是靠個人的忠誠來維持的。如果所有的員工對企業都採取敷衍的態度，那這個企業的結局一定會是破產，那些不忠誠的員工也自然會失業。

所有員工對企業忠誠，他們才能發揮出團隊力量，使企業走向成功。同樣，一個人具備忠誠的品德，他才能取得事業的成功。

只有當我們能忠誠地對待工作，才能贏得上司的信賴，勝任重要的任務，從而有晉升的機會，在這樣一步一步前進的過程中，我們就不知不覺提高了自己的能力，爭取到了成功的籌碼。

露寶是微軟公司總裁比爾．蓋茲的第二任女祕書。在到微軟工作時，她已經四十二歲了，並且是四個孩子的母親，而比爾．蓋茲當時才二十一歲，正是創業之初。

當露寶的丈夫知道了情況後，就警告她，要特別留意到月底時微軟公司是否發得出工資。而露寶沒有理會丈夫的忠告，她想：一個如此年輕的董事長創辦事業，遇到的困難恐怕會很多吧。她開始以一個成熟女性特有的縝密與周到，考慮起自己今後在「娃娃」公司應盡的責任與義務。

蓋茲的行為頗異於常人，他通常中午到公司上班，一直工作到深夜，每週七天，莫不如是。於是，關心蓋茲在辦公室的起居飲食，就變成了露寶日常工作的內容之一，這使蓋茲感到了一種母性的關懷與溫暖，減少了遠離家庭而帶來的不便。

露寶也是蓋茲在工作上的好幫手。微軟公司離亞帕克基機場只有幾分鐘的車程，所以，蓋茲每次要出差時，常常都會在辦公室處理事情到最後時刻才開車前往機場。為了趕時間，他沿途經常超車，甚至闖紅燈。這種事多了，露寶不免為蓋茲擔心，請求蓋茲提前十五分鐘去機場，並且每次都親自督促。蓋茲對露寶的執著與忠誠表示感激和無奈。

露寶把微軟公司看成一個大家庭，她對公司的每個員工，對公司裡的工作都有一份很深的感情。很自然，她成了公司的後勤總管，負責發放工資、記帳、接訂單、採購、打印文件等事務。

露寶成了公司的靈魂，給公司帶來了凝聚力，蓋茲和其他員工對露寶，也有很強的依賴心理。當微軟公司決定遷往西雅圖，露寶因為丈夫在亞帕克基有自己的事業而不能赴任，蓋茲對她依依不捨，留戀不已。

三年後的一個冬夜，西雅圖的濃霧持續不散，因缺得力助手而心情鬱悶的蓋茲獨坐在辦公室發愁。這時，一個熟悉的嗓音伴著一個熟悉的身影來到他面前：「我回來了。」是露寶！她為了微軟公司，說服丈夫舉家遷到西雅圖，讓她繼續為微軟公司效力。隨著微軟帝國的建立，露寶也取得了事業上的巨大成功。

從露寶的身上，我們可以看到忠誠的魅力，它是一個人的優勢和財富，它能換取別人的信任與坦誠，如果你有了忠誠的美德，總有一天，你會發現它會成為你巨大的財富。相反的，如果你失去了忠誠，那你也就失去了成功的機會。

一位能言擅道，且做事果斷、有魄力的工程師，很快地被提拔為技術部經理，每個人都相信，還有更好的前途正等著他。

某天一位港商請工程師到酒吧。幾杯酒下肚，港商很正經地要求工程師能提供部門的技術資料，以便在兩家公司合作案的談判中取得一點先機，並拿出一張十五萬元的支票。工程師心動了。

在談判過程中，因為底牌被對手摸得一清二楚，公司損失很大。事後，公司查明真相，辭退了這位工程師。

本來前途似錦的工程師不但因此失去了工作，就連賄賂金也被公司追回以賠償損失，還在人生中留下巨大的汙點。他為此懊悔不已，但為時已晚。

一個不忠誠的人即使才華橫溢也不會成功，因為他無法得到別人的信任，不管是上司還是下屬，都不會喜歡這樣的人。這也同時也表明：忠於別人，也就是忠於自己；背叛別人，也就是背叛自己，就是自取滅亡。

如果你渴望成功，就要保持忠誠的美德，讓它成為你生活與工作的準則。並在此基礎上逐步培養正確的道德觀，提升生活的道德層次，發展真正的好品格，這樣，它總有一天會給你理想的回報。

首先，我們要樹立「一切為公司利益著想」的思想。在工作中，把公司的利益擺在第一位。要知道，身為公司裡的一員，公司發展了，員工才能得到發展，如果公司垮了，唇亡齒寒，員工也不會有什麼好下場。

其次，不要隨便跳槽。社會學家曾指出，現代人一生當中平均要換五到六次工作。不過，在一個人的生涯中，換工作畢竟是一件大事，它是檢驗一個人忠誠度的根據，所以，我們要三思而後行。最好不要動不動就想以跳槽來改變自己的境遇，我們可以在崗位上勤懇工作，努力提高自己各方面的能力，積極進取，這樣才能更好更快地接近成功。如果一年之內連續換好幾份工作，老闆就會想：「這個人忠誠度恐怕有問題。」那日後的麻煩可就大了。

還須要注意的是，我們應該拒絕對公司不利的誘惑，不要為一己之利而損害公司，公司利益是大於個人利益的，必要的時候，寧可犧牲自己的利益也要保全公司的利益。這樣，我們就會得到公司的信任，也才能夠被委以重任。

Chapter 3

散發自信的光芒

一個活得幸福的人，一定是個具備自信心的人。

最重要的還是，你必須懂得欣賞、喜歡自己才行。

腳踏實地，累積實力

職場中不難發現這樣的人：剛到公司，就希望明天當上總經理；剛創業，就期待自己能像比爾．蓋茲一樣富甲天下。他們對小的成就看不上眼，出人頭地、一鳴驚人是他們夢寐以求的事。要從基層做起，他們會覺得很沒面子，認為憑自己的條件做那些工作簡直是大材小用。他們有遠大的理想，但又缺乏對專業的了解和豐富的經驗，不知道職場上的甘苦，更不懂得從小事做起，實實在在地前進。

同樣的，也很多人抱有這樣的想法：現在的工作只是跳板，時刻準備跳到更好的公司。但事實上，大部分人不但沒有越跳越高，反而因為頻繁地換工作，使公司因怕洩露機密等原因，不敢對他們委以重任。由於他們過於熱衷「跳槽」，對工作三心二意，自己的能力也絲毫沒有提高。因此，他們缺乏具體實現理想的能力，即使上司委以重任，他們也很難完成。

史記不只是一本編纂各代歷史的史書，更是司馬遷腳踏實地，在沒有先進通訊設備的古中國大陸尋訪的心血結晶。

「人固有一死，或重於泰山，或輕於鴻毛。」這正是司馬遷，也就是史記作者一生的最佳寫照。而正是因為這樣腳踏實地的精神，才能造就流傳千史的偉業。

腳踏實地是一個人所必備的素養，也是實現加薪升職、成就一番事業的關鍵因素。自以為是、自傲自大是腳踏實地工作的最大敵人。若時時把自己看得高人一等，處處表現得比別人聰明，那麼就會不屑於做小事、做基礎的事。「一屋不掃，何以掃天下？」若沒有處理小事的能力，又如何去處理大事呢？

所以，每個職場中人要想實現自己的理想，就必須調整好自己的心態。打消投機取巧、一步登天的念頭，從一點一滴的小事做起，在最基礎的工作中，不斷地提高自己的能力，為自己的職業生涯積累雄厚的實力。

首先，我們要認真完成自己的工作。不管是基礎的，還是高層的管理工作，都要把全部精力放在工作上，努力鑽研，在工作中逐漸提高自己的業務能力，成為企業的精英。

其次，在工作中，懷有一顆平常心。成功了不驕傲，失敗了也不氣餒，不要讓情緒影響工作。

最後，要做一個積極實踐者。根據公司的具體情況，提出切實可行的方案或計畫，並和大家一起完成它，不但要有設計完美方案的本領，還要具備落實方案的能力。

機會只垂青那些有準備的人。如果你在實踐中積累了雄厚的實力，練就了高超的業務本領，成為企業的中堅力量，還需煩惱上司不重視你、沒有加薪升職的機會嗎？

李嘉誠在談他做生意最大的收穫時說：「做生意的根本是誠信，不妨把自己想得笨一些，而不是投機取巧。」

適當的「笨拙」可以讓一個公司迅速地成長，也可以讓一個職業人更受人歡迎，更容易獲得成功。

把自己看得笨拙些，就會發現放下自己什麼都懂的假面具，在遇到難題的時候，向那些業務能力高超的職員學習，這樣更有利於我們更快更好地掌握處理業務的技巧，提高自己的能力。而且還能給上司和同事留下勤學好問、嚴謹認真的好印象。這一點對於剛入職場的新人尤為重要，藉此不但容易獲得別人的好感，而且可以更快掌握工作內容。

擁有「笨拙精神」的人，可以很容易地控制自己心中的激情，避免設定高不可攀、不切實際的目標，並兢兢業業地走好每一步，踏踏實實地運用每一分鐘，甘於從基礎工作做起。以「笨鳥先飛」為座右銘，認真嚴謹地對待工作，更有利於取得實實在在的進步。

適當地笨拙，就很容易擁有一顆平常心。如果成功了，因為笨拙的顯影，不至於得意忘形；如果失敗了，因為笨拙的反襯，自己也不會太失望。

自以為聰明的人，容易頭腦發熱，盲目自信，不自量力地承接具有極高難度的工作，結果輸得慘不忍睹。而適當的「笨拙」可讓人遇事三思，分析自己的長處和缺點，權衡利弊之後再動手，不逞匹夫之勇。

李嘉誠說：「你造一座大廈，如果地基不好，大廈再高再牢固，也是要倒塌的。不腳踏實地的人，是一定要當心的，假如一個年輕人不腳踏實地，我們使用他就會非常小心。」

所以，要想讓上司重視你，並委以重任，你就應該踏踏實實地工作，在實踐中提高自己的能力，沿著自己的事業目標實現自己的個人價值。

要想做到腳踏實地、嚴謹認真，我們還得摒棄以下幾個有害的想法：

1.「現在的工作只是跳板，那麼認真幹什麼！」

由於就業市場飽和的緣故，想一下就找到適合自己的工作的確有些困難，但即使目前所做的工作不是理想的工作或者不合適，也別抱有這種不負責任的想法。我們可以把它當作一個學習機會，從中學習處理業務與人際交往，或者僅僅作為由校園到社會的緩衝，而認真地做好這份工作。這樣不但可以獲得很多知識，還也能為以後的工作打下良好的基礎。

2.「憑我的條件，做那些小事太丟臉了。」

即使擁有很高的學歷，擁有許多先進的理論知識，我們也需要從較為基層的工作做起。因為每個公司都有不同的營運方式，若不區分這些個性特點，而把理論生搬硬套進來，很可能會給公司造成損失。所以，還是應從基礎工作做起，等清楚公司的整體運作後，再結合知識提出切實可行的建議會更好。

3.「差不多就行了。」

即使所負責的工作十分簡單，也要認真對待，並力求完美。不可渾水摸魚、應付了事，更不可把本來應該做十分的事，只完成八分就扔下不管了。否則就無法在工作中成長、穩健提高自己的能力。

4.「一個月後我要成為大公司的總經理。」

這是不切實際的目標。很多人一時心血來潮就給自己設定極高的目標。由於目標太高，就不可能踏踏實實地做好基礎工作。所以，還是從實際的情況出發，設定一個合理的目標，並給自己足夠的時間去完成這個目標更好一些。

5.「一手承擔高難度的工作，這樣別人就會對我刮目相看。」

很多人為了表現自己高人一等、與眾不同，而魯莽承接有較高難度的工作，結果反而常把工作弄糟。在工作方面要做值得別人信賴的人，對工作全力以赴，盡可能地把工作做好。遇到困難或業務難題時，不要埋首苦幹，要主動請教他人，並盡快解決。對自己能力所不及的事情要勇於放棄，以免耽誤了工作。平時注意能力的培養並不斷地學習和實踐，讓上司和同事對自己的工作放心，這樣才有利於事業的成功。

炫耀於外的才幹固然令人讚美，而深藏不露的實力更能帶來幸運，這需要一種深刻自制與自信。適當的笨拙正是這種自制與自信的表現。

職場中每個人都應記住：只有埋頭苦幹的人，才能顯出真正的聰明，才能成就一番事業。幾乎所有人都希望能得到上司的重用，都希望上司能把最重要的工作交給自己完成，這不但是對自己能力的肯定，也是加薪升職的希望，但並不是所有人都能成為上司眼中的「紅人」。

一般來說，腳踏實地工作的人容易得到上司的重用。因為上司在委任重要工作時，除了考慮一個人處理業務的能力外，還會考慮這個人的人品和德行。德才兼備的人是承擔重要工作的最佳人選，而腳踏實地工作的人又恰好擁有了良好的品德和雄厚的實力。

機會不等人，隨時就定位

許多失敗者談及自己失敗的時候，都把原因歸結為「沒有機會」、「沒有貴人提拔」、「好位置被別人捷足先登了」等等。

真是這樣嗎？當然不是。有很多人，甚至包括一些天資頗高的人，一生窮困潦倒的原因，便在於一味地空等時機。

亞歷山大在攻城取得勝利後，有下屬問他，是否等待機會來到，再去進攻另一個城市？亞歷山大聽了這話，大發雷霆：「你認為機會什麼時候會來到？機會是我們自己創造出來的。」

可見，創造機會才是成就亞歷山大大業的原因。惟有善於創造機會的人，才能建立轟轟烈烈的偉績。

在成功的路上，我們應該認識以下兩點：

1、主動創造機會。

有沒有機會、能否掌握時機，關鍵在於我們以何種態度，從何種角度對待身邊的機會。鋼鐵大王卡內基曾說過：「機會是自己努力造成的，任何人都有機會，只是有些人善於創造機會罷了！」真可謂英雄所見略同。

機會，包含在每個人的努力奮鬥中，正如未來的橡樹包含在橡樹果實裡一樣。如果要幸運降臨、要獲得機會，就不能只是等待好運的降臨，你必須主動使它們發生，用心創造，努力尋求種種機會。要事先有所計畫，為了心中理想的機會努力，在各方面充實自己，盡到自身所能做到的最大努力，如此，將可以改變局面，使不可控制的變數也偏向於你。

當你看到機會來臨，便能以萬全的準備去接受挑戰，將機會手到擒來。你其實是自己創造了取得機會的「機會」。

2、等待機會必然失敗。

如果做一件事情，必須等待機會來臨，不能夠主動創造機會，或不善於及時抓住機會，一切努力和熱情，都很有可能因等待機會而付諸東流。

所有的良機都要靠自己去創造，如果有人天真地相信機會會自動找上門，那個人無疑是宇宙第一大傻瓜。

永遠不要讓「沒有機會」這種想法占據你的頭腦，也不要奢望「機會」會在守株待兔中來臨。

任何一個機會，都需要有我們不懈努力的汗水灌溉，才有結果的希望。只要善於把握，任何時候都有成功的機會。

戰勝自卑

妄自菲薄的心態會阻礙我們前進，只有自信才能戰勝一切困難和挫折，最終使我們成為一個強者。即便是一個貧窮的農民、一個職業生涯剛起步的小職員，都可以依靠自信和努力成為一個強者，享受幸福的生活。

一個傳令兵騎著馬，送信給拿破崙。因為趕得太急，在到達目的地之前，他的馬猛跌一跤一命嗚呼了，這名士兵只得狼狽地跑著去送信。

拿破崙接信後立即寫了封回信，交給那位士兵，並指著自己的良駒說：「你騎我的馬，火速把回信送去。」士兵望著那匹裝飾華美的雄壯駿馬，對拿破崙說：「不，將軍，我是一個平庸的士兵，實在不配騎這麼華美雄偉的駿馬。」

拿破崙嚴肅地說：「世上沒有一樣東西，是法國士兵所不配享有的。」

世界上有許多像那位法國士兵的人，認為自己不配、也不可能得到世界上最好的財寶、聲望和名譽，那些都是留給命定的天之驕子的。他們相信自己注定要貧窮、卑微地生活下去。

如果你也有這種卑微的想法，連想像「我也是一個強者，有可能會成功」都會臉紅，那怎麼可能樹立遠大的理想，成為一個成功的人呢？如果把一個小小的成功都認為是痴心妄想，怎麼可能有勇氣去實現它呢？

我們應以拿破崙為榜樣，告訴自己：沒有什麼是我不配享有的。當你這樣告訴自己時，你就會重新樹立起自信心，去爭取世界上最美好的東西。

自卑心理並非不可戰勝，許多人正是因為戰勝了它，才取得了成功。

球王比利的球技為世界眾多足球迷所稱道，如果說這位大名鼎鼎的超級球星曾是個自卑的膽小鬼，許多人大概會覺得不可思議。

年輕時的比利得知自己入選巴西最有名的桑托斯隊時，竟然緊張得徹夜未眠。到桑托斯足球隊報到那一天，他還懊喪地對自己說：「在這裡我只配當板凳隊員。」

當教練硬逼著他上場擔任主力中鋒時，他只感覺雙腿好像長在別人身上，全身不聽使喚。但他不斷告訴自己：「集中精力，鼓起勇氣來，想一想平時是怎樣做的。」通過不斷的自我鼓勵和暗示，他終於可以放鬆心情在場上奔跑，並漂亮地踢出了一片天。

由於比利戰勝了心中自卑的念頭，堅定了自己的信心，才有可能把自己的才能全部發揮出來，終於獲得世界球王的美名。

如果你也總認為自己事事不如人，請向球王比利學習，用自信擊退你心中的自卑，這樣很快就能躋身強者的行列。

獨立自主是最好的靠山

很多人天真地認為，讓自己有終生依靠，不須努力就衣食無愁，是人生最幸運的選擇。這實在是大錯特錯！生活中最大的危險，就是依賴他人來保障自己。

有一天，伊甸園的蛇滑到夏娃的腳邊，牠說：「妳為什麼不吃伊甸園中的智慧之果呢？妳看那果實又大又甜美，不吃不是很可惜嗎？」夏娃禁不住一再的慫恿，和亞當吃下了智慧之果，引來上帝的盛怒，將兩人永遠地逐出了伊甸園。

穩定的依賴，猶如伊甸園的蛇，總在軟化我們獨立自主的決心。它會對我們說：「你不是有很好的靠山嗎？為什麼要那麼辛苦呢？就算依靠別人也能活得好好的，你何不利用大把大把的時間好好享受人生呢？」這些話，足以抹殺一個人意欲前進的雄心和勇氣，阻止我們利用自身的資本去換取成功的快樂，讓我們日復一日原地踏步，停滯不前，以至於到了垂暮之年，終日為一生無為悔恨不已。

這種錯誤的依賴心理，還會剝奪我們與生俱來獨立的本能，使人依賴成性，有人依賴就不再想獨立，替自己的未來挖下失敗的陷阱。

每個人都應該戒除依賴的習慣，為什麼呢？原因很簡單，總依賴他人者，常缺乏成功者必須具有的獨立性。獨立性具有無可限量的力量，這份力量遠勝於勢力、資本以及親友的扶助，它能使我們有信心、有力量克服重重困難，成就一番事業。

有位作家說過這樣一段話：「不要以為含著金湯匙出生就能一帆風順。大多數的紈褲子弟，自恃有金錢作後盾，不學無術，甘願做金錢的奴隸，終難成功。此外，不獨立的富家子弟，從來不是貧苦孩子的對手，因為貧窮的孩子，通常因刻苦生活的強烈刺激，具有很強的獨立性和自主能力。」

人一旦有了依賴的想法，自以為凡事有人作後盾，便很難有勤勉努力的精神，更不要說獨立自主、實現人生價值了。

環顧周遭，相信你也不難發現，有許多不靠親友扶助，也沒有萬貫家財的人，他們後來取得了重要的地位，這些成功的案例足以使那些家境富裕、靠山穩固，卻一事無成的青年自慚形穢。

王永慶出生貧困，十五歲獨自離開家鄉至嘉義，先是在別人的米店做工，而後十六歲的時候，他作了人生中第一個重要的創業決定：開米店。十年多的賣米生涯，王永慶認識到服務的重要性。

在台塑之前，王永慶開過磚窯廠、木材廠等公司，皆因當時特殊的歷史時期，最後都無疾而終。不過也因此收獲了兩方面的財富：經驗與金錢。通過經營米廠、磚窯廠、木材廠，他在三十歲的時候，已積累不少財富，這為他接下來更大的創業，提供了一定的經濟保障。

爾後，憑借王永慶出色的經營，台塑成為台灣知名度最高的企業之一，王永慶也因此獲得「經營之神」的美譽，這可是對企業家的最高評價。在此之前，這樣的榮譽只在另一位同樣傑出的企業家——日本松下的創始人松下幸之助，後者將原本默默無名的小企業，經營成日本最大的電器公司之一。

俗語說：「一生依賴他人的人，只能算半個人。」

不難想像「半個人」，無論從智力還是體力上，都是敵不過「全人」的。如果你不想失敗，不想做他人恥笑的「半個人」，就應該讓自己獨立起來。只有這樣，你才能真正體會到自身的價值。如果你不丟棄依賴的想法，即使你懷有雄心和自信，也很難發揮出所有的能力，獲得更大的成功。

成功的力量，往往潛伏在一個人的內心深處，只有當環境惡劣的時候，才會被激發，產生巨大的能量。只有在脫離依賴，獨立自主的時候，你才會發現這力量，並激發它。供給你金錢，讓你依靠的人，並不是好的朋友。獨立是成功的前奏，唯有鼓勵你獨立的人，才是你真正的好朋友。

在我們自主開創的道路上，外界的扶助當然是重要的資產，但有時也會遏制我們自身能力的發展。令人惋惜的是，許多人由於過度依賴他人，從來都不知道，在自己身體裡竟有如此巨大的潛能，甚至到死也沒有發現。

有許多偉人，最初並沒有展現出他們的實力，是因為那時他們並不是真正獨立的人，他們只不過是依附於別人做事而已。後來之所以成功，則要歸功於「噩運」。噩運毀滅了他們的產業，奪去了他們依賴的「枴杖」。這一切迫使他們不得不重新審視自己，催促他們養成極強的獨立性，從而釋放出巨大的力量，也使他們一度被埋沒的才幹得以表現。

如果不幸突然降臨，讓你失去了依靠，不要悲觀，不要絕望，帶著微笑歡迎它吧！那也許是你成功的絕好機會。

讓自己充滿勇氣

任何人開始某項嘗試的時候，他都必須冒某種程度的危險。因為世界上沒有萬無一失的成功之路，在追尋成功的過程中，各種要素往往變幻莫測，難以捉摸，而任何微小的差異都可能使成果判若雲泥。所以要想在事業上取得成功，非得有勇氣不可，因為成功喜歡眷顧勇敢的人。

在我們身邊，許多相當成功的人，並不一定是因為他比你「會」做，更重要的是他有勇氣，比你「敢」做。

華人富豪李曉華，就是一位勇敢的企業家。

馬來西亞政府向各國公開招標，準備修建一條高速公路。政府開出的條件非常優惠，但是因為這段公路不長，而且當時車流量不大，所以參與招標者廖廖可數。

李曉華卻預感到賺大錢的機會來了。他馬上前往馬來西亞考察，得知一個不為人知的重要消息：在離公路不遠的地方有一個藏量非常豐富的油田。這個消息尚未正式對外公布，這讓他興奮得幾乎要跳起來。他意識到，這個油田一旦正式開採，這條公路上的車流量必然大增，地價也會攀升。

他當機立斷，拿出了自己多年來的全部積蓄，又從銀行貸了一筆巨款，籌集到三千萬美元，一舉拿下了這個標案。

當時，貸款條件相當苛刻，而且期限只有半年，期限一到，必須歸還本息。如果半年之內這個工程項目無法如期竣工，後果將不堪設想。這需要多大的勇氣啊！就連親友都極力反對，但李曉華卻絲毫不為所動。此時的他已經傾盡所有，毫無退路了。

等待的日子開始了。毫無退路的李曉華過上了十分清貧的艱苦生活。物質上的匱乏和精神上的煎熬，幾乎要使他崩潰。熬了五個月，油田開採的消息遲遲沒有公布，但他仍信心十足，毫不退縮。

又過了六天，油田開採的消息終於公布了。消息傳來當天，公路的標價就翻了一倍，之後的幾天還一路看漲！李曉華的勇氣得到了極大的回報。

世界上有多少人有勇氣主動去承擔風險？許多人都太過「聰明」，對時機背後的不利因素和風險看得一清二楚，沒有勇氣去冒險。因為風險常常是導致失敗的導火線，它可能會使一個人的事業前功盡棄，甚至傾家蕩產。結果「聰明反被聰明誤」，永遠只保持在「高不成、低不就」的狀態而已。其實，如果能從風險的轉化和準備上進行謀劃，風險也就不可怕。而且，風險越大，成功的報酬也就越大。

商界沒有萬無一失的致富門路，但如果沒有動手去做的勇氣，等於將機會拱手讓給其他競爭者。「看準目標，大膽行動」已成為許多商界成功人士的經驗法則。勇氣可以讓人信心百倍，戰勝對失敗的憂慮感，如此，成功的機率必然增大。

想成為一個成功者，就必須具備「雖千萬人吾往矣」的勇氣和膽量，如果沒有，便只能為失去的機會而扼腕歎息。

需要注意的是，勇於冒險不是賭博，不等於碰運氣。碰運氣是一種聽天由命的懶惰與無奈，是真正將自己置身於風險中。真正的勇氣則是積極主動的進取，是一種魄力，而非不管結果如何，先做再說。

同樣一件事，甲經過細算，認為有百分之六十的把握，便先下手為強，因而取勝。乙在謀劃時，總是要等到必須有百分之九十甚至百分之百的把握，才敢下手，結果錯失良機。而丙連粗略的估算都沒做，腦袋瓜一熱就殺過去，成功的機率連百分之十都不到。

怕樹葉掉下來砸破腦袋的人做不成事，而明明下著冰雹卻還要出外閒逛的人也會被砸得鼻青臉腫。所以，聰明的人在創富時，不避風險，卻絕對不蠻幹，他們會計算出風險有多大，然後作好應付風險的準備，他們大多數情況下可以有較大勝算。真正的勇氣不是頭腦發熱的產物，而是謹慎的人進行的大膽嘗試。他們冒的是經過理性分析後的危險，用的是挑戰的精神，所以才抓住了稍縱即逝的機會。而如果沒有「蠻幹」的勇氣，那他們是不會成功的。

《不老騎士——歐兜邁環台日記》是記錄二〇〇七年，在弘道老人福利基金會的推動下，十七位平均八十一歲的長者，達成十三天騎摩托車環島壯舉的紀錄片，路程長達一一七八公里。他們勇敢追夢、完成這不可能的任務，感動無數人。團長賴清炎曾說過：「追求夢想時，你會忘記自己幾歲」。

一個沒有勇氣的人是可悲的，他會害怕真正地面對生活，害怕挺身而出承擔責任，害怕冒一丁點的風險，他會把自己關在怯懦的心理牢籠之中，在有利可圖時，站在一旁不動，從而一步步走向失敗的深淵。

消除你的膽怯心理，讓自己充滿勇氣吧！

你要使自己有渴望成功的原動力，強烈的成功欲望會抵消你的膽怯心理，讓你成為一個不滿足於現狀、不斷進取的人。這樣你就不會為自己想做的事而思前想後，顧慮重重。

你還要學著充實自己的知識，粉碎自我的小天地。如果把自己關在自己的小宇宙裡孤芳自賞，必然會產生畏首畏尾的思想。但只要走出去，加強與外部世界的聯繫，你就會找到自己的勇氣。通過學習，吸收利用更多的知識豐富自己，你才能做到「藝高人膽大」，擁有破舊求新的勇氣。

茫茫世界風雲變幻，漫漫人生沉浮不定，未來的風景卻隱藏在迷霧中，向目標前進的途中，有坎坷的路，也有泥濘的沼澤，而勇氣會給你有力的臂膀，讓你披荊斬棘，衝破迷霧，走向成功。

挑戰未知領域

有人認為，生活的真正目的，不過是保持熟悉的一切，能夠知道自己在往哪裡去，達到目的之後會有什麼結果。改變現狀不如苟且偷安，因為改變將帶來許多不穩定的未知因素，而未知與危險是密切關聯、幾乎要畫上等號的。

有一個年輕人，走到一個岔路口，一條是安全穩妥的道路，另一條則是通向無人涉足的未知之路。這時，上帝降臨，對年輕人說：「孩子，好好選擇一條路吧。路上的一切，將是你今後人生的全部內容。」

聽罷，年輕人便用佛洛斯特〈未走過的路〉（The Road Not Taken）中的詩句，回答了上帝：

「林間的小路岔為兩條小徑，
我選擇了人跡稀少的一條。
這個選擇造就了所有的不同！」

讀到這，有人會嘲笑這個年輕人浪漫得愚蠢，因為他們都是謹小慎微的「安全專家」，總是在迴避的未知事物。他們認為，只有那些「莽撞之輩」才會冒險，去探索生活的未知方面，而且探索之後，結果往往大吃一驚，深感失望，甚至張皇失措。安全專家嘲笑、譏諷「莽撞者」，打從心底裡覺得他們傻，覺得還是選擇避免未知比較聰明。這樣，將永不會像「莽撞者」那樣，落得個可悲可憐而又可笑的下場。

有很多時候，我們儘管早已厭煩這些已知的事物，不願意再過上「重複的」每一天，但依然固守著同樣的模式，直到進棺材為止。原因就是，迴避未知也有其「值得留戀的好處」。

例如，循規蹈矩地生活，雖單調而死板，但它帶來的是穩妥的一生；而固守熟悉的事物，就不必擔驚受怕，儘管這樣會大大有礙於我們的個人發展與成就，但跟在人家的後面走，總是保險的。這種安全感，給了人們固守重複行為的強大心理支撐力。

其實，人們苦苦追尋的這種所謂的安全感，是非常荒謬、沒有絲毫價值的。

安全感意味著已知將要發生的事情，意味著沒有激情、沒有風險、沒有異議，意味著沒有發展。而不發展，則意味著「死亡」。只要生活在地球上，只要社會不改變，我們就永遠不會得到安全。真正的安全感是為死屍準備的。

退一步講，即使迴避未知不是荒謬的觀點，也是一種可怕的生活方式。固有的已知因素，會排除一個人生活中的興奮感，吞噬掉體內的所有自信和勇氣，因而也就排除了一個人發展、成功的所有可能。

也許你一直認為自己非常脆弱、經不起衝擊，如果涉足完全陌生的領域，會撞得頭破血流，這是非常錯誤的觀點。當你遇到陌生事物、身處陌生環境時，你不會經不起考驗，更不會一蹶不振；相反的，逆境可以激發你的潛力與創造力，促使自己戰勝困難。

厭倦生活會削弱意志，產生不健康的心理，一旦失去了對生活的興趣，你就可能在精神上垮掉。然而，如果在生活中增添未知因素作為調味劑，你就不會精神萎靡。

想想那些被稱為「天才」的人，那些在生活中頗有作為的人，再試著分析一下他們的成功之道，你會發現，他們其實和你一樣，都是普通的人，唯一的區別只不過是他們從不迴避未知。敢於走他人不敢走的路；敢於從事那些你一向認為力所不能及的活動。而這種探索未知的勇氣，也正是他們的偉大之處，是他們成功的要訣。

阿爾伯特．愛因斯坦是一個畢生探索未知世界的人。他在〈我的信仰〉一文中寫道：

「我們所能經歷的最美事物便是神祕的未知，它是所有藝術和科學的真正泉源。」

簡而言之，神祕與未知是激情的泉源，未知之中孕育著發展：社會的發展、科學的發展，以及個人的發展。

假設以前偉大的發明家、探險家、先驅者都懼怕未知、逃避未知，那會出現什麼情況呢？人類可能依舊居住在兩河流域的平原上，過著茹毛飲血的原始生活。

如果至今仍有迴避未知以求安全的想法，那麼，現在就應當奮力擺脫其束縛。也許你已經意識到，「懼怕未知」讓自己失去了許多不該失去的東西，想試圖作出改變，但卻不知從何開始。不要著急，只要走好下面這三步，它將有助於消除你養成的消極生活方式，使你的生活充滿歡樂和自信。

第一步，重新審視你的迴避行為。

第二步，對自己以往的行為嚴肅地提出質疑。

第三步，以積極的心態向新的方向發展，充分相信自己，有能力進行任何活動。每當你發現自己為保險起見，想迴避未知事物時，馬上自我警示，在內心裡詰問自己：「如果我真的接觸了這些未知事物，最糟糕的結果會是什麼樣？」

仔細一想，就會發現，未知其實並沒什麼大不了的。之所以一直在逃避，是因為對未知的恐懼，而非畏懼探索未知而產生的實際後果。

而且，探索未知領域的時間越長，你就越會感受到，曾有的那些恐懼感和偏見，是多麼荒謬可笑，而它卻讓你失去了那麼多成功的機會。

一旦認識到這些後，未知將成為你樂於不斷探索的領域，而不再是你所懼怕、迴避的某種怪物。

勇於挑戰也要善於挑戰

很多人滿足於目前的工作狀況，不想學習，也不向困難挑戰，只求按時完成工作，不出差錯就行了，對於曾有的遠大理想早已忘卻。時間長了，惰性轉變為對未知的懼怕，更不敢輕易接受挑戰了。

職場中謹小慎微的「安全專家」認為：要想保住工作，就要保持熟悉的一切，用自己所習慣的方法處理工作，不可輕易嘗試新的方法，更不要去承接那些自己從來沒有做過的事情，否則就有可能得不償失。

滿足於現狀、懼怕未知，是對自己的潛能畫地自限，使自己無限的潛能只化為有限的成就，這樣不利於在事業上取得成功。因為企業是向前發展的，員工的素質和能力也要隨之不斷提高，如果始終在原地踏步，就無法應付不斷出現的新問題，遲早會被公司淘汰。

所以，想在職場中生存，並實現成就事業的目標，就應該勇於向高難度的問題挑戰，主動挖掘自己的潛能，逐步提高自己的能力，實現自己的目標。要積極嘗試新事物，就必須摒棄這種苟且偷安、避免改變帶來未知因素的想法。

一個人如果自慚形穢，那他就不會成為一個美人。同樣，如果你覺得自己不能妥善處理那個問題，那你就會取得「理所當然」的失敗。

也許你一直認為自己非常脆弱，經不起受傷，如果涉足於完全陌生的領域，會碰得頭破血流，這是一種荒謬的觀點。當身處逆境時，更應該依靠自己的能力，出色地完成工作，扭轉不利於自己的環境；當遇到陌生的事物、身處陌生的環境時，人不會經不起考驗，更不會一蹶不振，相反的，我們會激發出自身的潛力，把這些事情處理得更好。

此外，你也許會抱有一種想法：如果事情異常困難，我還是躲遠一些好。

例如，當你的上司安排一項較有難度的工作時，你會在心裡默默祈禱：千萬不要落到我的頭上。這種心理往往使你在面對困難時異常慌張，還未冷靜思考，就認為自己無法處理，乾脆一避了事。其實，工作無大小，只要用積極的、樂觀的心態去面對挑戰，大部分的「難題」是可以迎刃而解的。

我們可以觀察到：辦公室裡那些十分自信的人總能把工作完成得很好，即使是很有難度，甚至是在別人眼裡不可能完成的工作，到他們手中都會迎刃而解。因此他們更受上司器重，也能夠很快地加薪升職。

即便他們的學歷可能沒有比較高，他們的資歷和對工作的熟悉程度也不比其他同事深，但他們就是敢於迎接挑戰，所以能夠更快地取得事業的成功。

因此，當一件富有挑戰性的工作放在你面前時，不要抱「避之惟恐不及」的態度，而應該把它當作邁向成功的階梯。懷著感恩的心態，主動地接受它，並通過不斷的學習和實踐，挖掘自己的潛能，出色地完成它。我們就可以在過程中成長，並最終取得事業的成功。

要想使自己敢於接受挑戰，我們必須對自己充滿信心，如此才有能力進行任何活動，否則就只能固守在原地，自怨自艾。

用馬拉松跑出夢想、跑出不同世界的林義傑，憑著自己的勇氣與熱血，二〇〇六年成為世界四大極地超級馬拉松巡迴賽總冠軍，他是台灣超級馬拉松的長跑第一人、極地冒險運動家，被台灣媒體譽為「台灣之光」。為挑戰極限，從撒哈拉、戈壁、智利寒漠，到南極，不論是橫跨沙漠，還是冰原他都憑著雙腳抵達。每一次的比賽是越困難，但林義傑未因此打退膛鼓，很多人問他為何要從事如此危險的運動，他表示：一個辛苦、危險的運動，因為有做了充分的準備與計畫，就不會覺得它很危險，要比賽就會有所準備，這讓我學習到處理很多事情的態度。

碰上困難時，如果總在設想最糟糕的結局，無異於在為失敗預演，就像一個高爾夫球員不停地囑咐自己「不要把球擊入水中」時，他腦子裡將出現球掉進水中的印象。試想，在這種心理狀態下打出的球，會往哪裡飛呢？那麼如何才能擁有自信呢？

首先，改變對自己的看法，同時正確地認識周圍的人。

你周圍的同事並不比你強，他們之所以每天都神采奕奕、容光煥發，不是因為他們比你強，而是因為他們相信自己，並能夠在工作中找到快樂。我們應該勇敢地承接挑戰，對自己的能力抱持堅定信心，必要時可以把自己的優點列在一張紙上，以時時勉勵自己。

其次，在頭腦中導入積極的思想。

不要一遇到難題就在腦中叮囑自己千萬不可以失敗，或設想如果失敗了該如何收拾殘局。告訴自己完成它不過是小事一樁、告訴自己一定可以成功，並在頭腦中設想事情成功以後你如何受到上司的重視和同事的羨慕，以及隨之而來的加薪升職。凡事都有其積極的一面，只要善於運用這些積極的力量，你就可以輕鬆建立起自信。

最後，把過去成功的例子放在腦海裡。

用自己過去成功的例子不斷地鼓勵自己，你就更容易建立起信心，也就有勇氣去承擔較有挑戰性的任務了。成功的例子可以與眼前的任務有聯繫，也可完全無關，只要能讓自己感到自己是可以取得成功的就可以了。

我們甚至可以反其道而行，主動尋求磨練自己的機會。

如果你的公司業務急劇增長，或者遇到了某些棘手的事情，以至於你的上司無暇顧及前不久剛剛提出的新方案。這時，你就可以詢問公司，可否讓你負責新方案的制訂和評估，或者分擔一些上司的工作。如果公司同意，這不但給了你一個展現你領導能力的機會，也可以讓公司明白，你是一個極為出色的人，為你的升遷奠定良好的基礎。即使公司不同意，你也可以給他們留下關心公司的良好印象。不管結果如何，主動攬下更多的責任，都會對你有利。

如果公司沒有急迫的重大困難，我們也可以從既有的營運方式中提出改進方案。細心觀察組織管理中的漏洞和失誤，並針對這些失誤提出有理有據、切實可行的改進方案。你可以將方案整理出來交給老闆，也可以當面和他談談。這樣可以充分顯露出你的能力，也會給老闆留下極好的印象，如此離加薪升職也不遠了。

只要你具有問題意識，即使是很平常的工作，也可以從中找出具有挑戰性的問題，這些都是公司今後的策略方針，為了達到這些目標，必須執行或可以執行的工作也多得數不清。但是，在工作中創新並非隨便一想就可以完成，惟有靠平常的努力所得出的心得，才能找到有價值的構想。它要求你在自己所負責的工作中，或是與其相關的工作中不斷地探索，最終取得有價值的成果。

值得注意的是，在主動尋找「不可能的任務」時，你的同事們往往會告訴你許多消極的意見：「這種事恐怕做了也是白做」、「你即使花費再多的心力，也不會有結果的」、「如果是大家都認為可以成功的事，他們早就做了。」千萬不要因此退縮，當大家越認為一件事困難，也就越值得我們發起挑戰，不是嗎？

敢於接受挑戰不等於盲目自信、逞匹夫之勇，而應該是一個理性思考的結果。當面對一個較有難度的問題時，你得考慮一下自己的能力和實力，以及自己成功的機率。如果成功的希望很小，還莽撞地接受這個任務，不但不會從中獲得好處，還可能因為你把事情弄糟了，給上司留下壞印象。

所以，在接受挑戰之前，必須明白自己的長處和弱點，並從中得出你是否有實力接受挑戰。例如，你有很淵博的理論和知識，但在人際交往方面卻很糟糕，那麼當上司挑選技術研究人員時，你成功機率就大一些，而如果是挑選公關部的經理，那你成功的機率就不多。

想知道自己的長處和弱點，就得站在客觀的角度來評估自己，而不要受自己的主觀影響或者盲目相信別人的評價。你需要確定的是：在接受的挑戰裡，必須用到的知識和能力，應該是長處而不是短處。

此外，對工作的態度也會影響成功的機率，我們可以從以下幾個方面進行評估：

1、你勤奮嗎？

勤奮的人更容易獲得成功。因為他們善於利用業餘時間，取得更深更廣的專業知識，這樣困難的問題到了他們手中就會變得相對容易了。

2、你有雄心嗎？

遠大的理想往往演化成一種對事業的強烈追求，使自己有幹勁、更堅定。面對較有挑戰性的工作，也會讓人產生百折不撓的精神，最終戰勝困難，取得成功。

3、你持之以恆嗎？

具有挑戰性的工作，因為較有難度，原則上需要很長的一段時間才能完成，如果不能持之以恆，三分鐘熱度，將會是失敗收場。擁有持之以恆的精神，我們才能在遇到挫折和困難時，戰勝它們，最後取得勝利。

4、你能有序地工作嗎？

如果工作時雜亂無章，或者常常出現忘記開會、處理重要的文件等情況，那麼，一個人就很難獲得成功。因為面對一件具有挑戰性的工作，必須先做詳細周密的計畫，才能更快更好地完成，無序的工作方式只會亂上加亂。

5、你的注意力集中嗎？

如果喜歡同時思考好幾件事，或者熱衷於在工作時間裡做白日夢，是很難取得成功的。因為難度較高的工作，必須集中注意力，才可能想出解決的辦法。

6、你對自己的能耐清楚嗎？

在工作中承接挑戰不能自不量力，承接超出能力負荷的工作，結果往往一件也做不好。要量力而行、三思而為。

以上幾點是把一項有難度的工作做好的必備條件。如果我們還不具備這些素質，或在某一方面有所欠缺，就請多加練習，以提高成功的機率。

以行動克服恐懼

「恐懼」具有使人精神崩潰的可怕力量。這股力量能夠摧毀一個人的意志，毀滅一個人的個性，剝奪生存的快樂，使人的勇氣和創造力消失，從而讓許多人變為懦夫，與成功失之交臂。

可以說，對於任何人來講，不論哪一種恐懼，都是人類最大的仇敵。

恐懼的理由有無數種，例如：病變殘疾、失去自由、面對死亡、貧窮來臨等。但最可怕也是最大的恐懼，則是對未來貧窮、衰老和禍患的恐懼。這些恐懼思想的交疊，如同天空中密布的烏雲，籠罩著一些人的一生。

馬拉拉．優薩福扎伊是一名住在巴基斯坦開伯爾——普什圖省史瓦特河谷區的少女，該區二〇〇九年遭塔利班組織控制，嚴格限制婦女的行動，並頒布禁止女孩上學的禁令，馬拉拉無法保持沈默，勇敢表明女孩有受教育的權利，並積極參與女孩的受教權運動。一日，馬拉拉放學途中竟遭塔利班開槍射擊，情況一度危險，所幸最後奇蹟康復。馬拉拉爭取教育的精神鼓舞著巴基斯坦的人心，一位想上學的女孩，竟招來死亡威脅，這是身處在和平世代的我們所無法想像的。為表彰馬拉拉不畏塔利班威脅，積極為巴基斯坦女童爭取受教權所作的貢獻，聯合國於二〇一二年十一月十日表示，將每年的七月十二日（馬拉拉生日）定為「馬拉拉日」。

生活中，有許多人由於恐懼貧窮、禍患、衰老等，把自己的身體當作奴隸般驅使，透支體力，結果，反而給自己帶來了自己所極力要避免的那些東西。

在恐懼者的思想裡，時時充滿各種駭人的想像。這些恐懼常常壓迫著他們的神經，使他們變得緊張兮兮，處事盲目並迷失在各種衝突與欲望的糾纏中。

我們唯一應該恐懼的其實就是「恐懼」本身。在恐懼所控制的地方，是不可能達成任何有價值的成就的。有一位哲學家說過：「恐懼是意志的地牢，意志跑進裡面，躲藏起來，企圖在裡面隱居。恐懼帶來迷信，而迷信是一把短劍，偽善者用它來刺殺靈魂。」

一個傘兵教練說：「跳傘本身真的很好玩，讓人難受的只是『等待跳傘』的過程。在跳傘的人各就各位時，我讓他們『盡快』度過這段時間。曾經不止一次，有人因幻想太多『可能發生的事情』而暈倒。如果不能鼓勵他跳第二次，他永遠當不成傘兵了。跳傘的人拖得愈久愈害怕，就愈沒有信心。」

可見，行動本身會增強信心，不行動只會帶來恐懼。立即採取行動，反而可以解除所有的緊張、恐懼與不安，從而引導我們攀上成功的最高峰。若一味地等待、拖延，只會增強恐懼感，甚至讓你永遠停滯不前。

當恐懼的思想開始向你侵襲，你要立刻轉變思想，如同丟棄不良行為一樣堅決拒絕恐懼，確信自己是多麼的堅強，多麼的有能力，多麼有把握，準備得多麼充分。千萬不要讓恐懼控制了你的思想和行為。

超越困境，活出精彩

很多人一旦陷入困境，便會認為困境處境決定了自己的命運，覺得自己已別無選擇，視貧困為正常的狀態，而甘願貧困。於是向貧困的環境屈服，詛咒這個世界，讓自己沉浸在可憐之中。

其實不然。人生在世，最要緊的不是你所處的位置，而是你努力的方向。從何時、何地、以何種方式開始一生，這是無法選擇的。但即使一生下來處於一種身不由己的客觀環境中，隨著年齡的增長，通過你自信、樂觀的態度，與主動的努力，選擇會越來越多，窮困境況也會逐漸改善。

千萬別掉進窮苦的陷阱裡，讓窮苦牽絆住你前進的步伐。如果你把貧困歸結為自己的命運，那麼，貧困便會真的使你的人生困厄。

許多故事告訴我們：最窮苦的人也有爬上巔峰的可能。只要人們勇敢並堅持地努力，就會獲得成功，脫離那不受歡迎的貧困境遇。

無論你目前的生活多麼貧困，地位多麼卑微，也不要讓它剝奪了你獲取成功的信心和權利。看看那些從貧困中崛起的成功人士吧，他們無論多麼貧窮不幸，都勇於挑戰命運，自信只要努力奮鬥，好的日子就在後面。

幼時的林肯，住在一間粗陋的茅舍裡。茅舍位於曠野之中，距離學校非常遠，不僅沒有報紙書籍可以閱讀，更缺乏生活上的必需品，為了到簡陋不堪的學校上課，或者借書來進修，他每天要跑幾十公里路，晚上則靠燃燒木柴發出的微光來閱讀。後來，只受過一年正規學校教育的林肯，透過自己堅忍不拔的信心和努力，擺脫貧困，並一躍成為美國最偉大的總統之一。

可見，對於有自信和勇敢的人來說，貧窮不但不能扼住命運的咽喉，還會成為人們努力奮鬥的最有利的轉捩點。

正如一位哲學家所言：赤貧時產生的雄心，比其他來得更切實而有力。

貧窮能激發人們潛在的力量。沒有貧窮刺激，這股力量也許永遠不會爆發出來。試想，林肯如果生長在一個富裕的家庭裡，一般地進入大學、順利地進入職場，也許他永遠不會成為總統。只因他不斷地和貧困的命運對抗著，不斷激發自己的潛力，才使他成長為一代偉人。

因此，假如你的生活是從窮苦中起步的，千萬不要怨天尤人、甘願做窮苦的奴隸，不要讓自己的一切行動為窮苦制約，更不要妒嫉那些有錢有勢、不須自謀生計的人們，具備強大的自信和勇氣，將會獲得超過金錢千萬倍的力量。

自信做事，謙遜做人

你可能也有這樣的感覺：越是謙遜的人，越是喜歡找出他的優點；越是把自己看得了不起，孤傲自大的人，越會瞧不起他，喜歡找出他的缺點。這就是謙遜的好處。

班傑明．富蘭克林年輕時是個才華橫溢的人，但同時他也很驕傲輕狂。對此，他渾然不知。

有一天，富蘭克林到一位老前輩家去拜訪，當他準備從小門進入時，因為門框低了些，他高昂著的頭被狠狠地撞了一下。這時，出門迎接的老前輩告訴富蘭克林：「很痛吧！可是，這將是你今天來這裡的最大收穫。如果你想實現自己的理想，就必須時時記得低頭。」

富蘭克林猛然醒悟，也發覺自己正面臨失敗和社交悲劇的命運。從此他改掉了驕傲的毛病，決心做一個謙遜的人。也就是因為具有了這一美德，他得到了人們的廣泛支持，在事業上取得了巨大成功，成為了美國開國元勳之一。

平時要謙遜地對待別人，這樣才能博得人家的支持，為事業奠定基礎。當我們以謙遜的態度來表達自己的觀點或做事時，就能減少一些衝突，還容易被他人接受。即使發現自己有錯時，也很少會出現難堪的局面。

在柯金斯擔任福特汽車公司經理時，有一天晚上，公司裡因有十分緊急的事，要發通知信給所有的營業處，所以需要全體職員協助。當柯金斯安排一個做書記員的下屬去幫忙套信封時，那個年輕職員傲慢地說：「那有失我的身分，我不做！我到公司裡來不是做套信封工作的。」

聽了這話，柯金斯一下就憤怒了，但他平靜地說：「既然做這件事是對你的污辱，那就請你另謀高就吧！」

於是那個青年一怒之下就離開了福特公司。但因為他仍聽不進別人的話，所以他跑了很多地方，換了好幾份工作都覺得很不滿意。他終於知道了自己的過錯，於是又找到柯金斯，誠摯地說：「我在外面經歷了許多事情，經歷得越多，越覺得我那天的行為錯了。因此，我想回到這裡工作，您還肯任用我嗎？」「當然可以，」柯金斯說：「因為你現在已經能聽取別人的建議了。」

進入福特公司後，那個青年變成了一個很謙遜的人，不再因取得了成績而驕傲自滿，並且經常虛心地向別人請教問題。

越是有涵養的成功人士，態度越謙虛，相反，只有那些淺薄得自以為有所成就的人才會驕傲。

美國石油大王洛克菲勒就說：「當我從事的石油事業蒸蒸日上時，我晚上睡前總會拍拍自己的額角說：『如今你的成就還是微乎其微！以後路途仍多險阻，若稍一失足，就會前功盡棄，切勿讓自滿的意念侵呑你的腦袋，當心！當心！』」

人一旦產生驕傲情緒，評判事物的標尺就會失衡，就不能再正確地看待自己，因為被自己頭上的那層光環迷住了雙眼。伴隨著歲月無聲的流逝，自以為已經走了很遠的路，有一天突然醒來一看，才發現自己還停留在當初的出發點上。

發明大王愛迪生就因驕傲而做了一件遺憾終生的事。在他的晚年，由於對自己的成就產生了驕傲的心理，使得他在自己最拿手的領域裡，犯了個大錯誤。他固執地堅決反對採用交流供電，一味堅持直流電，結果導致事業慘敗。原本以他的名字命名的公司被迫改為「通用電器公司」，而採用交流電的威斯汀豪公司至今仍存在著。正所謂「英雄末路，驕則自誤」。

時時標榜自己做了什麼，那只是一種極端無知的表現，是一種淺薄的虛榮。而且如果一個人因一次成功，從此就一直這麼欣喜若狂，時時表現出一種優勝者的得意忘形和驕傲自滿，別人雖不至於說他是瘋子，大概也絕不會敬佩，而只會鄙視他。更可悲的是，「成功」也會冷落他，不會讓他再次品嚐到成功的快樂。因為成功的路是無止境的，想取得成功就不能停滯不前，必須持續邁進。

流水由高處往低處流，越到下游，覆蓋的面積越大，土地也越肥沃。賺錢的情形就像流水，採取低姿態，擁有謙遜和氣的態度，滿懷感激之心的人，人們就樂意幫助他，推崇他，金錢也會順流向他而去。正所謂和氣生財。

一間五星級飯店招聘公關部員工時，一個素顏的女孩走進面試會場。雖然沒有上妝，她的臉上卻洋溢著令人難忘的笑容和自信。

沒想到，在面試過程中，主考官卻毫不留情面地對她說：「很抱歉，我們公關部非常在意外表和形象，我們沒辦法錄取妳。」

這話多傷人，女孩站起來想轉身離去，但就在一念之間，女孩又轉過頭，義正詞嚴地對主考官說：「其實，你不錄用我可以不需要任何理由，但是您卻給了一個我無法接受的理由。我可以用兩二分鐘的時間換一套衣服，再用五分鐘的時間化完妝，但是我認為，我腳踏實地二十年所做的努力和求得的學識是無法用外表來衡量的，你們選人的眼光實在令我難以認同！」

說完，她對著主考官深深鞠了一躬，轉身離去。

第二天，大家在錄用名單上看到了她的名字。

然而女孩只是笑笑，起身走出人群，後面有人提醒她可以去簽約了，她卻淡淡地說：「其實，我一直對昨天的無禮感到很抱歉，做人最寶貴的精神是謙虛，我不希望我是靠這種高傲的爭辯來到這家公司的，所以，我不能去。」

當我們感覺被驕傲自大的情緒所控制時，多想想這個因「驕傲」拒絕工作的女孩吧！也像她那樣告誡自己：我沒什麼了不起的。生命太短促了，不要在別人面前吹噓什麼，使得人家不耐煩，自己需要做的事還有很多呢！

自信宣言

我們應該更加深刻地認識自我，知道自己有哪些長處、短處，有什麼優點、缺點。如果能達到不斷重新審視自己的境地，那些驕傲自滿情緒就會煙消雲散，並且能在謙遜中找到自己的座標。

你還可以試著欣賞你所遇見的人的優良品質。要知道人外有人，天外有天，千萬不要因一己之長而看不到別人的長處。抱著學習的態度去欣賞別人，評價別人，重視別人的價值，這樣驕傲就不會在你身上出現。

總之，我們在所有的行為中都要努力保持謙遜的作風，虛心地請教問題，虛心地改正缺點，虛心地對待批評，而一旦我們具有了謙遜這一美德，成功也就離你不遠了。

巧妙推銷自我術

在辦公室裡，你可能發現，一些本事並不如你的同事，他們升職加薪的速度比你還快，他們深受上司的器重，常常被委以重任，這是為什麼呢？這是因為他們懂得如何推銷自己、展示自己。

在今天，自我推銷是向上晉升的必備能力之一，如果羞於自我推銷，即使有再好的才華和能力，也有可能被埋沒。因此，平時在工作中就要包裝自己，就像孔雀一樣，隨時把自己的美展示給出來。要盡量向上司、同事證明你具有超人的能力，能夠勝任比當前工作更好的職位。

一位社會新鮮人於大學畢業後遲遲沒有找到與本科系相關的工作，失望之餘進入一間花店工作，沒想到做著做著也培養出興趣來，有各種學習機會都不放過。一年後，店長有意培養接班人，希望從員工中挑選一位到國外進修，學習新的知識與管理能力。最後店長決定讓這位職場菜鳥出國深造。

許多資深同事都很意外，就算按照資歷，也輪不到他啊？正是因為這種自以為是的心態，讓人錯失機會。而他所做的，也不過是比其他同事表現出更多一點的進取意願罷了。

假若你擁有驚世之才，不懂得表現，得不到別人的注意和賞識，也就等於自我埋沒。「水往低處流，人往高處走」，所有人都希望自己的事業獲得成功、得到上司的賞識、贏得同事的認同。但別人不可能無緣無故地關注自己，想要獲得他人的關注，就需要學會自我推銷和自我表現。

為此，我們應該更主動去爭取表現自己的機會。爭取表現的機會的方法有很多：

1、展示自己的企圖心。

當上司提出一項計畫，需要員工配合執行時，可以毛遂自薦，充分表現工作的能力。

2、適度渲染。

事事邀功會給人好大喜功的不良印象，完成瑣碎的工作時，給人一個平實的印象即可。當有機會擔當一些比較重要的任務時，則不妨把成績有意無意地展露，增加你在公司內的評價。這一點非常重要，因為上司是否特別注意某個員工，往往是看該員工在公司的評價如何。

掩藏小事、渲染較大任務的成績，可收到實至名歸的效果。

3、避免被小事拖垮。

在衡量工作重要程度時，可以把令上司注意的項目排在最前面。因為上司一般並不重視瑣碎事項的成績。只要合理安排工作的順序，向著目標奮勇前進，就不難脫穎而出，獲得上司的青睞。

4、「將在外，軍命有所不受」。

不是所有的上司都喜歡逆來順受的員工，特別是精明能幹的上司，會對那些略有反叛但為公司利益著想的員工產生好感。這裡所說的適度的反叛，是指在不傷害上司尊嚴的原則下的「叛逆」，一個真正有能力的上司會欣賞這種具有分析能力的員工。

5、不要過分謙虛。

有時候，太過謙虛反而吃虧。例如，幾個同事完成一項艱巨的工作，上司詢問有誰參與時，直言同事姓名後，不要忘了把自己報上。

很多時候，太過謙虛會給人一種平凡、缺乏自信的印象。心存謙厚之道，以美德取勝，這是書呆子的做法。你自己不說，別人更不會特別強調你的功勞，上司可能永遠不知道你做了一件很了不起的事。

6、保持最佳狀態。

別以為連續通宵加班，一臉疲憊的樣子，會博得上司的讚賞和嘉勉。他可能會拍拍你的肩膀滿懷感激道：「辛苦你了」、「全靠你」。但是在他心中則可能想著：「這年輕人體力不好」、「他能勝任更大的任務嗎？」對你的能力產生懷疑。

千萬不要令上司對你產生同情之心，因為只有弱者才讓人同情。無論什麼時候，在上司面前都要保持一貫的好精神，這樣他會不斷交託給你更重要的任務，以便你更好地表現自己。

7、不斷創新。

在工作中，你要主動爭取機會，嘗試用不同的方法提高工作效率，讓上司知道你是一個對工作十分投入的人。一個靈活、不死板的人，常能使上司留下深刻的印象。

總之，不要只做分內的工作，盡量把自己的才華適時地表現出來，讓大家都知道你是個多才多藝的人才，讓自己擁有更多表演的舞台。

向別人展現自己的才能，抓住出人頭地的機會，也要講究時機。如同孔雀開屏一樣，在沒有觀眾的情況下演出，顯然沒有任何意義，還會被人誤以為你是一個愛出風頭的人。

經常聽到一些人埋怨機會不等，命運不公，總覺得自己碰不到機會。每每看到別人的成功，總是歸結為「運氣好」。實際上，從整體上說，機會對每一個人都是公平的。

有沒有機會，關鍵在於準備。機會不可能無緣無故從天而降，或像路標一樣，就在前面靜靜地等著你。機會就像小河裡的魚，只有你主動去抓捕，才有抓住的可能。

機會到處都有，就看你是否抓得住。「沒機會」，這是失敗者的推託之辭，有志氣的人是不會這樣怨天尤人的。如同哲學家培根所說：「造成一個人幸運的，恰好是他自己。」他們在做事前會密切觀察、留意機會，在工作過程中則盡可能利用一切可以利用的時機，他們不等待機會，他們會創造機會。

有些人總是有點兒眼高手低，他們希冀一個突然的機會把自己從地獄送到天堂，眨眼之間便取得值得大肆炫耀的工作，能夠一夕致富、一舉成名。有些人一心想著摘取遠處的玫瑰，反而將腳下的花苞踏壞了。他們忘記了再大的事業，也要從腳下開始。

我們經常看到，無論是在職業的選擇，還是各種技能的發展中，成功往往屬於那些身處逆境的人。他們沒有良好的條件，也沒有捷徑可走，他們不會放棄任何的可能性，因此他們所看到的機會也就最多。我們必須充分認識到這一點，自覺而頑強地為自己創造機會。

為什麼有的人機遇特別多？我們可以從他們的經驗，看出他們有自己的一套接近機遇，創造機會的方法。我們不妨也這樣去尋找機會、把握機會：

1、機會來臨時，主動挑戰。

有道是：「機不可失，時不再來。」如果平時沒有養成主動挑戰的精神，當機會忽然來臨時，反而心生猶豫，不知該如何接受，在患得患失之際，便與機會擦肩而過。因此，在平時就應養成主動接受挑戰的精神。

例如，若有在眾人面前表現或發表意見的機會，就應盡量把握，一方面克服心理障礙，一方面訓練自己的膽識。

2、把眼前的工作做好，機會便會更多。

機會總是在不斷的努力中出現曙光，我們不能指望沒有做好工作，機會就平白無故降臨在面前。如果沒有在日常的工作中培養實力，即使機會來臨也難以抓住。因此平時就要做好這方面的準備和積累，做好日常工作，且無論大事小事，都盡最大的努力去完成。

3、表現自己的才能，別人才會幫你抓住機會。

好的表現是指引機會降臨的燈塔。要抓住機會，僅僅有才華還不夠，還需要將才華適度地顯現，讓身邊的人以及上司知道。如此一來，在你發現一個機會前，上司便有可能早你一步緊緊把握，送到你面前，讓你如願以償。

活出自信人生

樂觀與自信常能使我們樹立更高的信心和目標，戰勝強大的困難，取得勝利。

「熱情」，讓世界為你轉動

拿破崙．希爾說：「想獲得這個世界上的最大獎賞，你必須擁有過去最偉大的開拓者將夢想轉化為現實的獻身熱情，以此來發展和銷售自己的才能。」

熱情是一種難能可貴的特質，是攝取財富必不可少的一環。一個熱情的人，無論是當清潔工，或者是當公司經理，都會認為自己的工作是一項神聖的天職，並懷有濃厚的興趣。對事業傾注全部熱情的人，不論工作有多少困難，或需要多大的努力，始終會用不急不躁的態度進行。只要有了這種態度，誰都可以達到成功的目標。

熱情可使你釋放出潛意識裡的巨大能量，來補充身體的精力，並發展出堅強的個性。如果將熱情灌注到工作當中，那麼，你的工作將不會顯得辛苦和枯燥。熱情會使你的整個身體充滿活力，不覺得疲倦。

許多人並非沒有才華的人，他們在某一領域裡的豐富知識令同事難以企及，但他們的事業卻平淡無奇；相反的，有些人不一定有淵博的專業知識，但由於充滿熱情，反而創造出顯著的成績。

山姆．沃爾頓是沃爾瑪連鎖商場的創始人，外界評價他是一個熱情、樂觀，具有良好個性的人。他不僅自己對工作傾注全部的熱情，還把這股熱情傳染給他的二十萬名員工，沃爾瑪從上到下都洋溢著積極向上的精神。

當顧客走進沃爾瑪商場，會得到親切的問候和滿意的服務。在職員問候完顧客後，他通常還會熱情地加上一句：「感謝您的耐心，很快將會有人過來為您服務。」

沃爾瑪商場洋溢的這種熱情得到了回報，今天，沃爾瑪商場已在美國零售商中排名第一。山姆．沃爾頓由此得到了滾滾財富。

一個人可以什麼都沒有，但一定要有熱情，因為對工作毫無熱忱的人只會到處碰壁，即使天分再高，也難以成功。而如果你有一顆熱忱的心，那麼它將會給你帶來奇蹟。卡通大王迪士尼就是憑借瘋狂的工作熱情，讓奇蹟出現而成為世界巨富。

華特．迪士尼早年希望成為一名畫家。他到報社找工作，總編輯一看他的作品就說不行，說他毫無繪畫的才能，他只好垂頭喪氣地回家了。

後來，他好不容易才找到一個在教會中繪圖的工作。因為沒有辦公室，他便在父親的車庫裡工作。

在車庫裡常有一隻小白鼠竄來竄去，迪士尼偶爾會停下手中的工作，抓些麵包屑餵小白鼠。日復一日，小白鼠變得很親近他，甚至會爬到畫報上去，迪士尼就這樣創造了電影巨星「米奇」。

之後，他全心全意投入到電影的構思之中。一天，他提出了把三隻小豬的故事改編成彩色電影的構想，助手們都不贊成，只好取消。但迪士尼卻一直無法忘懷，他屢次提出，卻一再地被否決掉。但他用一種無與倫比的熱情，不斷地提出，最後大家答應姑且一試。《米奇》製版用了九十天，而《三隻小豬》只用了六十天就完成了。劇場的工作人員都沒想到，該片竟受到美國人民的喜愛和一致好評。

不要羨慕別人的成功，感嘆自己的不幸。我們大多數人並非沒有才能，也並非沒有發展的環境與空間，缺的只是昂揚的鬥志與激情。其實，如果能培養並發揮自己的熱情，以其來鞭策自己從渾噩中奮起，對事業鍥而不捨、執著追求，你的成功也將會變得輕而易舉。

培養熱情，我們可以試著這樣做：

1、對所做的事保持熱情。

例如跟某人握手時要緊緊地握住對方的手，在心裡你必須對自己說：「他是我的好朋友，我喜歡他。」這種內心感受的外在表現就是熱情，別人會很容易地感受到你的積極信念。

2、相信自己，自信的人才會擁有熱情。

對一切都已失去興趣的人，又怎麼能有熱情呢？如果你對談判對手說：「但願我們這次不要無功而返。」一開始就說這種洩氣話，又怎麼能在談判中保持熱情呢？如果你自信地說：「我們一定會合作愉快。」對方也會受到你的感染，從而更容易達成協議。

3、以熱烈的行動增強你的熱情。

通過外在的刺激，來改變你內心的消極狀態，激發你的能量，從而表現出熱情。例如在夜店，你靜靜地坐在角落裡，很少人會來理睬你，但如果站起來加入其中，你就會自然而然地受到感染，你心中的熱情之火就被點燃了。

4、挑戰之心能夠創造熱情。

你要向怯弱挑戰，變怯弱為無畏；你要向不幸挑戰，變不幸為幸運；你要向失敗挑戰，變失敗為成功；你要向貧窮挑戰，變貧窮為富有。你要向一切不滿意的事物挑戰，改變自己的命運，改變自己的世界。如果擁有挑戰精神，就會感到有一股力量在促使你不斷前進，這是不服輸的決心激發了你的熱情。許多看起來難以逾越的東西，如果可以勇敢地接受挑戰，挑戰之心會令你充滿熱情，你將會發覺它們其實沒有那麼可怕。

一個能力不足，但是具有熱忱的人，通常必會勝過能力高強但欠缺熱忱的人。如果兩個人在技術、能力和智慧等各方面難分軒輊，具有熱忱的人將更有可能得償所願。

熱情是出自內心的興奮，不但可以激發你的潛力，它所散發出來的感染力還可以令你周圍的人受到影響，他們會理解你、支持你，也變得與你一樣有熱情。熱情能聚集有才能的人，一起談論合作計畫，為你出謀劃策、盡心盡力，使你我的合作更加順利。

瞭解自己，確立目標

許多辛苦工作多年的人，早已忘卻了自己當初的目標，在職場中隨波逐流，甚至被一些困難嚇倒，無奈地聽候命運的安排，到頭來沒有任何成就。

如果你想有別於這些人，那麼無論職位高低，能力大小，都應該堅守自己定下的目標，利用它來指引你前進，領導你奔向成功的彼岸。

因為除非有明確的目標，否則你將不會試圖挖掘內在最大的潛能，而永遠只是「徘徊的普通人」中的一個。

超級馬拉松選手陳彥博從二十二歲那年開始挑戰，並在五年內完成全球七大洲八大站極限馬拉松賽事。除在各賽事中跑出佳績，還屢次創下最年輕完成賽事的紀錄。過程中的疾病與痛苦都曾讓他放聲大哭，但不曾將他擊倒。「如果成功只要多一點努力，就不該有放棄的選項。」這樣的信念將他推向了終點。

想確立自己努力的方向，關鍵就是要認真對自己的能力進行分析，然後總結出最適合自己的目標。

若想盡快確定你的方向，以下幾點可供你參考：

1、選定行業。

你可以根據所學來選，如果實在沒有機會「學以致用」，甚至「學非所用」也沒有關係，很多成功者的成就和在學校學的並沒太大關係。有時，與其根據所學來選，不如根據興趣來選。只要選定了一個行業，最好不要輕易轉行，因為這會讓學習中斷，降低效率。每一行都有每一行的苦與樂，每個人都曾遭遇過挫折，你唯一要做的是：把精神放在你的工作上面。

行業選定了，接下來就要像海綿一樣，拚命地吸收這一行業中的各種知識。

2、制訂學習目標。

你可以把自己的學習分成幾個階段，並規定自己要在一定的時間內完成學習。這是一種「壓迫式學習」，可迫使自己向前進，也可改變自己的習性，訓練自己的意志，效果相當好。

你可以向同事、主管、前輩請教，這是「向內學習」。「向外學習」則是吸收各種報紙、雜誌的資訊，此外，專業實習班、講座、同行間的切磋也都可以參加。在你的本行裡，你要「全面性」、「全時間」地學習。

假如你學習有成，不必急著「功成名就」，一段時間過後，自然而然會受到他人的注意。當你成為專家，你的身價必水漲船高，而這也就是你達成成就的基本條件。

當你確定自己的目標以後，許多挑戰與困難也會接踵而至。每個人一生都會遇上多次困境，工作上也是一樣。如果你選擇逃避，困境還是會一次又一次地造訪你，也就是說，逃避完全解決不了問題。而且如果此時稍一鬆懈，不僅無法到達目標，很可能你還會從此一蹶不振。

那麼該怎麼辦呢？

答案再簡單不過了——勇敢地面對困境。面對困難和波折，最需要的就是耐心和毅力，就像鮭魚被水沖到很遠的地方後，依然會重新游回。

世界上沒有萬無一失的保險，只有下定決心去實現你的目標，抱著「任何阻礙都不能將我擊倒」的決心，才可能成功。只有時刻牢記自己的目標，你才不會在遇到困難及阻礙時退縮，你的剛毅和決心會幫助你克服許多難題，引領你到達成功的彼岸。

在職場中要記住下面幾點：

第一，做個主動的人。要勇於實踐、敢於挑戰，在工作中學習成長。

第二，天底下沒有萬無一失的準備，不要等到萬事俱備以後才上路。路上也許會遭遇困難，但是抱著「兵來將擋、水來土掩」的精神，一定會迎刃而解。

第三，推動你的精神，不要坐等精神來推動你去做事。主動一點，自然會精神百倍。

第四，時時想到「現在」就去做，「明天」、「下星期」、「將來」跟「永遠不可能做到」是同義詞。要變成「我現在就去做」那種人。

第五，立刻開始工作。不要把時間浪費在無謂的準備工作上，要立刻開始行動才是正途。

第六，態度要主動積極，做一個改革者。要自告奮勇去改善現狀。要自動承擔義務工作，向大家證明你有成功的能力與雄心。

真正會在困境中阻撓你的，其實只有你自己。如果在遇到困境時還是想著「希望能毫無損失地度過困境」、「希望度過難題的方法能酷一點」，那麼為了思考所謂的「妙計」，人就會自然而然陷入煩惱之中。這麼一來，原本很單純的狀況，也會被自己搞得很複雜。

不管是平時還是遇到逆境時，你唯一的方法就是集中全力面對它、處理它，永不放棄，爭取最佳結果，而不是躲避、退縮、恐懼。

成功的人物並不是走在一條暢行無阻的路上，而是遭遇困難時能夠想辦法克服的人。不管從事什麼行業，遇到麻煩就要想辦法處理，就像遇到水窪時就跨過去一樣自然。

始之於勤，成之於勤

個人的奮發向上和勤勞，是取得傑出成就所必需的。即使天資平庸的人，只要勤奮地工作，也能彌補自身的缺陷，使成功唾手可得，最終成為一名成功者。反之，如果你自恃「聰明」，不把勤勉努力放在眼裡，必然難有作為。因為每一點財富都是來之不易的，任何一項成功都不可能一蹴可幾。

曾有記者問李嘉誠的成功祕訣，李嘉誠講了一則故事：

日本「推銷之神」原一平在六十九歲時的一次演講會上，當有人問他推銷的祕訣時，他當場脫掉鞋襪，請提問者上台，說：「請您摸摸我的腳板。」

提問者摸了摸，十分驚訝地說：「您腳底的繭好厚呀！」

原一平說：「因為我走的路比別人多，跑得比別人勤。」

提問者略一沉思，頓然醒悟。

李嘉誠講完故事後，微笑著說：「我沒有資格讓你來摸我的腳板，但可以告訴你，我腳底的繭也很厚。」

他的意思很明顯，人生中任何一種的成功，都始之於勤、成之於勤。也就是說，勤奮是成功的根本，是基礎，也是祕訣。

指望不勞而獲的生活，就如同寓言故事中守株待兔的那個人，在偶然的幸運之後，終將坐吃山空。

鋼鐵大王卡內基是由月收入四美元起家的。美國實業家洛克菲勒開始工作時，每週只賺六美元。美國汽車鉅子福特剛踏入職場時，一個星期才賺二塊五分美元。後來談到成功的祕訣時，他們都異口同聲地認為，勤奮是唯一的成功之道。

有一個年輕人曾問卡笛尼學拉小提琴要多長時間，卡笛尼回答道：「每天十二個小時，連續堅持十二年。」

勤奮不但可以補「拙」，讓你擺脫貧困，在事業上還能助你一臂之力，讓你邁向成功。如同拉小提琴入門容易，但要達到爐火純青的地步需要花費極長時間反覆練習。

事實上，願意承認自己「拙」的人並不太多，大多數人都認為儘管自己不是天才，至少也是個可造之才。但現實生活中，真正能一飛沖天的人很少。有的人不僅飛不起來，還跌下來摔個四腳朝天。難道是知識不夠或者能力不足嗎？其實只是因為在他的做事字典裡少了個「勤」字。

根據心理學和精神病專家的研究，態度懶散的人，最容易患上神經衰弱。這種毛病最常見的症狀就是「無病呻吟」。醫治這種毛病最有效的方法就是勤奮工作。當其他人混水摸魚而你卻在兢兢業業地工作時，它會為你塑造一個敬業的好形象；當你工作出錯時，因你是一個勤於工作的人，它能使你很容易獲得別人的諒解；勤奮還能讓你獲得上司的信任，得到升遷的機會。只要你有了勤奮的態度，那麼無論做什麼事，都可能在競爭中立於不敗之地。

與其一味感嘆自己知識不夠或能力不足，不如用勤奮來補救。只要你勤奮，知識和能力會如期而至；只要你勤奮，泥濘坎坷之路就是坦途，不毛之地也會開花結果。

勤奮不是與生俱來的，它需要你在後天成長過程中，用信念和抱負自我鞭策，以養成勤勞的習慣。

在生活上，你要擺脫懶惰的惡習。要知道懶惰的人永遠不會在事業上有所建樹。早晨早點起床，走路加快一下速度。這些看似不起眼的小事都能讓你變得勤奮一些，當你想拖延時間時，就要警告自己：我要勤奮起來！

在工作中，你要不斷進取，勤學不息，以提高自己的知識水平和工作能力，同時也要向有經驗的人請教。別人休息、旅行時，你在學習；別人一天用八個小時工作，你則用十個小時。這種密集不間斷的學習效果會很顯著，如果你本身的能力已經高於平均水平，加上勤奮之火的燃燒，你很快就會在所處的團體中發出奪目的光芒和巨大的能量，取得成功。

不放棄的意志

做一件事，當「天資」失敗，「機智」隱退，「才能」也說不可能，若能秉持「毅力」，便能幫助你成功。

一九八四年，麥當勞的創造者雷．克羅克與世長辭，享年八十一歲。至今，在麥當勞總部的辦公室裡，據說仍懸掛著其座右銘：世上任何東西都不能代替恆心。「才華」不能：才華橫溢但一事無成的人並不少見。「天才」不能：天資聰穎卻得不到賞識者屢見不鮮。「教育」不能：受過教育而沒有飯碗的人並不難找。只有恆心加上決心才是萬能的。

是的，凡是成功地將願望轉變為財富的人，都有一種百折不撓、勇於進取的毅力，這是一切成功之源。

身價高達數億美元的網上網總裁段曉雷，剛創業還身無分文時，因為一再借錢，朋友們都拒絕與他來往，為公司找辦公室還曾被趕出大門。失意到極點時，他想靠開計程車謀生，卻倒霉得連駕照都考不上，就連他的妻子也因生活貧困，帶著子女憤然離去。

一九八六年，段曉雷毅然辭掉工作到矽谷闖天下，當時他既沒錢又沒有關係，連想做什麼也不清楚，創業談何容易。一九九一年，他創立了U-tron，做主機板及筆記型電腦買賣，但因時運不濟，不久就賠光了。

他看見半導體產業前景極佳，打算生產「視窗加速晶片」，以改進視窗顯示的效率。由於技術問題難以克服，又一次失敗了。

後來，他應朋友之邀，協助重整一家名為Tiara的小公司。就在重整完成的時候，市場發生了重大變化，這次輸得更慘，連生計都有問題了。事業一再失敗的同時，婚姻也亮起了紅燈。這一切都沒把段曉雷嚇倒，他仍強打精神努力著。

一九九六年，他以四十萬美元的資金創立了網上網。過程並非一帆風順，最慘的一次是因為付不出五萬美元的電話費，差點被剪線，但最終他仍挺了過來，事業開始有些起色。

一九九八年，網上網漸入佳境，股票也順利上市，到一九九九年十一月，網上網市價已達五十七多億美元。段曉雷終於成功了。

毅力是實現目標不可缺少的條件。恆心與追求結合之後，便形成百折不撓的巨大力量。一個凡事堅持到底有毅力的人，世界必將為他打開出路。而那些沒有毅力的猶豫沮喪者，不會引起別人的敬仰，也不會得到別人的信賴，更不能成就什麼大事。

有一類人赤手空拳起家，他們憑藉著「毅力」，建立了無與倫比的事業王國。如只受過不到三個月教育的愛迪生，他將毅力轉化成留聲機、電影放映機等各種發明，成為世界上首屈一指的發明家。

「鍥而不捨，金石可鏤。」這是戰國時期著名學者荀子勸告人們學習或做事要持之以恆時講的一個比喻。意思是說，不停地努力刻鏤，即使是堅硬的金石也會被刻穿。毅力不僅是希望學有所成的人必須具有的精神，也是做一切事情所需有的基本態度。

生物學家達爾文曾說過：「我所完成的任何科學工作，都是通過長期的考慮、忍耐和勤奮得來的。」

居里夫人也曾說過：「一個人沒有毅力，將一事無成。」

世界上沒有任何特質能夠代替毅力，才幹不能、教育不能、金錢不能，唯有毅力能讓人堅持到底、征服一切。具有堅毅精神的人，就好像享有不會失敗的保險；凡是經得起考驗的人，都會因為他的毅力而獲得豐厚的報酬。

由原住民和日本人、漢人組成的嘉義農林棒球隊，是個球員懶散、打球只是為了練身體的散慢球隊。在近藤教練斯巴達的嚴格訓練下，逐漸獲得改善，雖沒有良好的場地、充足的設備，但球員在魔鬼訓練及挫敗的洗禮下，漸漸有了求勝意志，認真看待「打進甲子園」這一夢想。

嘉農是台灣第一個有漢人和原住民球員參加甲子園棒球大賽（第十七回），且第一個（也是唯一）打進決賽，獲得歷年來最高成績（亞軍）的球隊，比賽期間嘉農球員奮戰到底、不放棄任何一顆球的精神，在甲子園球場締造傳奇，日本棒壇給予其「英雄戰場 天下嘉農」的極高評價。

站在人生的軌道上，你會目擊絕大多數的人，在失敗中倒下，再也無法爬起來。可惜的是，只有少數人能從經驗中認識堅忍不拔精神的重要性，他們相信失敗只是一時的，依靠不衰的願望將使失敗轉化為勝利。

因此，你在一步步前進的時候，千萬別對自己說「不」，因為「不」可能動搖你的決心，使你像大多數人那樣，半途而廢，前功盡棄。

如果你想積累財富，做自己命運的主宰，不被眼前的困難嚇倒，不半途而廢，那麼，趕快培養百折不撓的毅力吧！有了它，成功才會由遠及近，降臨到你的面前。

培養毅力的重要一步，是知道自己的目標是什麼。有堅定而明確的目標，可以促使你克服許多困難，而有明確的計畫則可激發你的毅力。此外，你還要學會自我鼓勵。在向目標挺進時，若遇到困難，千萬別被別人嘲弄、諷刺的話語所嚇倒。摀起你的耳朵，別去理睬他們，你要深信自己有能力實現你的目標，並激勵自己克服目標實現中的任何困難。

在你前進的途中遇到麻煩或阻礙時，你要及時去面對它、解決它，然後再繼續前進，這樣問題才不會越積越多。當你解決了一個問題，就會更有信心面對其他一個個問題。

如果你照以上方法做，很快你就會發現自己有了很大的轉變，拼勁增強了，自信心也提高了，你會感到一種前所未有的快活。你的工作也比過去做得更快更好。

做個容易溝通的人

在職場中誰都不可避免地會受到上司批評，或者聽到與自己相左的意見，這時很多人雖表面上接受，但心底裡卻為自己辯解。在工作時，他們會不情願地依照上司的吩咐辦，並酸溜溜地說：「是上司叫我這麼辦的，對錯都與我無關。」甚至有些人還會「消極抵抗」，應付工作。

如果你也抱著這樣的想法，對上司指出的錯誤耿耿於懷，甚至為報復上司而對工作敷衍了事，那麼你就別指望會獲得升遷的機會了。

正確對待上司的批評指正，接受意見並認真完成工作是很重要的。因為只有這樣你才更容易得到上司的認同和好感，進而受到重用，獲得加薪升職的機會。

可是怎樣才能做到這一點呢？

首先，站在上司的角度思考問題，你就更容易接受上司的批評，而且經常這樣換位思考，還可以提高你的能力。

一般人只會在自己的立場上與上司的批評糾纏，卻怎麼也想不通上司的意見道理何在。其實，只要你站在上司的角度思考一下，你就很容易想通了。

一般來說，上司思考問題的方式與普通職員不同，上司是以公司利益為出發點，從整體上統籌考慮問題，以大局為重；而普通職員則從自己的角度做決定，往往犧牲大局而保住個人。

有間廣告公司的兩個招牌設計師常發生爭執，上司知道這兩個人都很有才華，只是無法對自己的作品做出妥協，所以不會因此而解僱他們，更不願因此影響工作上的默契。所以，他選擇讓兩個人分開，在不同的團隊發揮他們的才能。

而如果換成一般人看這件事，則可能會為了整體氣氛的和諧，辭退其中一人，這樣對公司來說無疑是一大損失。

也許你會認為上司的某些決定是不明智的，但是他的決定通常是經過一番思考才作出的。在上司看來，獲得一樣東西，與放棄一個計畫也許同樣有重大的意義。而如果你跳出思考的小圈子，嘗試以上司的方式思考，讓自己變得目光遠大，你就會更注意整體和大局，而不是目光狹隘地做決策，也更能學習到上司精明的領導方法。

其次，要會聽弦外之音。從上司一個眼神或一個暗示，正確理解其中深義。

領會上司的意圖、讀懂上司對於一個下屬來說尤為重要。上司比較喜歡「機靈、悟性好、一點就透」的下屬，有重要的工作也會交給他們去做，所以他們也就很容易獲得重用的機會。而如果上司總抱怨一個人「不靈通，交代多少遍仍不明白」，那他還會得到上司重用嗎？

想讓自己變得「機靈」點兒，能夠把握住上司的意圖，你就得增進對上司的接觸和了解。善於察言觀色，多思考、多揣摩。

怎樣才能做到善於領會上司的意圖呢？

1、調整心態，鼓足勇氣。

想增進對上司的了解，你就需要有足夠的勇氣。與上司交談時要避免膽怯畏懼、怕出錯誤、言談舉止不自然等狀況，否則，這樣的「交往」效果會很差，甚至還會給上司留下壞印象。

2、努力創造與上司接觸的機會。

如果在電梯間、走廊裡、吃午餐時遇見你的上司，走過去向他問聲好，或者和他談幾句工作上的事，千萬不要像其他同事一樣假裝沒看見。

如果在公司以外的場合如酒吧、電影院、音樂會等公共場所，遇見了你的上司，也不要避免讓他看見你。主動迎上去向他問候，這能表明你與上司興趣相投，也給你一個更深了解他的機會，並能夠很容易地獲得他的好感。

3、經常揣摩上司的心思。

多注意上司處理事情的思路，並試著推測一下，你就能慢慢領會上司的意圖。不要僅從字面上理解上司的話，而應探究其深層涵義。例如上司說：「天氣真冷」，他可能不只是想告訴你天氣狀況，還有請你「打開暖氣」的意思。只有平時多觀察揣摩，在關鍵時刻你才能正確意會上司的暗示，培養合作默契。

所以，做一個有心人，對你的上司察言觀色，並領會他的弦外之音，你就能輕鬆獲得上司的肯定和重用，到那時加薪和升遷離你還會很遙遠嗎？

4、尊重你的上司，體諒他的難處，接受他的觀念

無論你的上司是精明還是拙劣，你必須尊重他們。精明的上司自不必說，他的才能和處理手段就令人肅然起敬，可是為什麼對拙劣的上司也要尊重呢？

職場中的確有些上司無才無德，對下屬的工作總是雞蛋裡挑骨頭，令下屬煩惱不已，並在心底裡瞧不起他。但他既能成為上司，就必有他的過人之處，在他的身上找出優點，並虛心學習，你也會得到他的好感。

從另一方面來講，不尊重上司可能會影響你的前途。如果你因為看不起你的上司而與他發生爭執，必然不利於你在公司的生存和晉升。對上司保持尊重的態度是工作倫理之一。

體諒上司的難處，也是很重要的。上司得服從公司指示，以公司利益為重，又得顧全下屬，盡量為下屬創造一個自由輕鬆的工作空間。但有些時候卻不能如願，如果你能體諒上司的難處，主動為上司分憂解勞，你的上司就會在心底裡感激你，日後一定會重用你。

總之，善解人意是一個職場中人不可或缺的法寶，它可以讓上司注意你、喜歡你、重用你、提拔你。

在工作中善解人意，可以讓你更快更好地掌握業務技巧，從中學習更多的經驗，並應用到工作中，這對初入職場的新職員極為有利。如果你善解人意，你就會與你的新搭檔默契合作，並能減輕他的負擔，有利於你們更快更好地完成工作，也能使你們的合作更加完美。

想與同事建立起默契，你需要做到以下幾點：

第一，初入職場的人難免會聽到資深同事與自己不同的意見，這時不要生氣，反而應該高興，因為這正是你學習的好機會。先把自己一流大學的文憑，以及引以為傲的專業放在一邊，虛心向他求教。因為他對業務十分精熟，並有一套自己處理業務的技巧和方式，把這些學習過來並加以運用，可以替你省去很多摸索的時間。

第二，尊重同事的優勢和才華，也寬容同事的脾氣和個性。只欣賞他們美好的地方，而不去計較他們的缺點或者與自己觀念不合的地方。不能理解的時候，就試著諒解；不能諒解，就平靜地接受。

第三，用你喜歡被對待的方式去對待別人。與同事相處要先讓三分，與長者相處先敬三分，與弱者相處先幫三分，這樣才可能得到別人的好感。

第四，給同事及時雨一樣的幫助。替窘迫的同事講一句解圍的話、對頹喪的同事講一句鼓勵的話、與迷途的同事講一句提醒的話，向自卑的同事講一句振奮的話……。

第五，仔細聆聽同事談話，並從中獲得有價值的情報，為今後的工作做好準備。積極溝通感情，經常交換意見，以增進對同事的了解，更快更好地領會他的意圖，以使以後的合作默契更加完美。

善解人意、容易溝通的人總能討人喜歡，給別人以懂事明理、機智靈通的感覺，能被上司重用、同事善待及下屬擁戴，更有利於作出優秀的工作業績，也更容易獲得升職加薪的機會。

培養高EQ

在工作中，同事之間是一種相互依存的關係，不僅所肩負的事業存在共同性，而且也有許多工作必須依靠合作才能完成。想讓周圍的人都能捧場和合作，自然需要氣氛上的和諧一致，倘若情感上互不相容，氣氛上尷尬緊張，就不可能步調一致地工作。如果我們和同事互相拆台、從中作梗，想把一件事做好是不大可能的。

作為公司的一員，我們不僅要具有足夠的專業知識和工作能力，還必須建立起良好的人際關係。職場上的人際關係就跟蜘蛛織網一樣，網織得越大越牢固，公司業務就越容易開展，事業就越容易成功。

某位勞工投入職場後卻不斷跳槽，一心要找個合適的工作環境也不是易事，抱怨道：「我上班時，整天聽到別人暗地裡對我發牢騷、抱怨和批評，害得我的情緒也因此受到干擾，所以我只好一而再地換工作。其實也只是為了換換新面孔，找個友善的環境，結果別人依然是那樣對待我，幾乎沒有絲毫的改變。」

「最後我終於發現，問題不在他們而出在我自己身上，因為我沒有處理好與同事之間的人際關係。如果你不先對別人釋出善意，又有什麼資格要求別人對自己好呢？」

良好人際關係的建立是一個不斷努力的過程，必須不斷爭取同事和上司的信任。同時，也要不斷自我檢討並改正自己的錯誤。良好的人際關係不僅可幫助你事業成功，也可挖掘你的內在潛能。

掌握以下五種技巧，必能為你建立良好的人際關係：

1、謙遜。

在辦公室內，即使你效率甚佳，做事迅速，仍要懂得適當掌握尺度，盡量把工作速度調節得只比別人稍快一點，否則必然招來嫉妒，有損良好的人際關係。

2、謙卑。

要獲得同事的認同和接受，態度一定要謙卑，凡事要忍讓，要有孔融讓梨的精神。

3、慎言。

慎言也就是與同事不談公司內部的人和事，無論是或非、讚揚或排斥，都不要忽略對方的利益。凡事多聽少說，明哲保身才是最佳策略。

4、參與。

脫離群體的人是很難建立良好的人際關係，所以要多參加公司的各項活動，才能加深別人對你的印象。不論是上司、同事還是下屬，只要有人舉行慶祝生日、升遷等諸如此類的活動，都須到席，只要你能多出兩分熱誠，就能減少兩分別人對你的戒心。

5、慷慨。

既然參與就一定要全身心投入，所以舉凡同事生日或宴會或送蛋糕或買禮物，都要合理花錢。當然，對普通上班族來說，這些開支或許不少，但是你必須牢記，這樣做換來的利益難以估量，建立良好的人際關係對你絕對是有百利而無一害的。

善於編織人際網路的人，在辦公室是最受歡迎的，他所承受的壓力比別人小，成功的機率也相對較高。卡內基說：「一個人的成功，只有百分之十五是由於他的專業技術，其餘的百分之八十五則要靠人際關係和他做人處世的能力。」

人際關係有時也跟蜘蛛網一樣，會因為突如其來的暴風雨而遭受破壞。

當人際關係出現危機，與同事之間出現裂痕時，我們可以怎麼做呢？

同事之間有競爭、有摩擦，這是不可避免的，但高明的人懂得如何把摩擦降到最低限度，將競爭導向對自己有利的方向。

有人說：「辦公室裡沒有永遠的敵人，只有永遠的朋友。」人與人之間，或許會有不共戴天之仇，但在辦公室裡，「仇恨」是不會達到那種地步的。畢竟同為一家公司工作，只要矛盾沒有發展到你死我活的境況，總是可以化解的。敵意是一點點增加，也可以一點點消除，同在一家公司，還是少結冤家比較有利。

化解敵意，與同事和好也有一定的技巧。例如，與你平時關係最密切的同事，突然之間對你十分不滿，不但對你異常冷漠，有時跟他說話，他也不理不睬，但你不知道什麼時候得罪了對方，想了很久也理不出頭緒。這時問對方自己有什麼不對的地方，對方可能會冷冷地回答：「沒有。」既然他說沒有不對，你就可乘機說：「真高興你親口告訴我沒事，萬一我有不對的地方，我樂意改正。我很珍惜我倆的合作關係，一起吃個飯，如何？」

這樣，就可以讓他面對現實和表態。要是一切如他所言的沒事，那你們就會和好如初了。盡量加強與他交心的機會，友善地對待，對方是無論如何也不會拒絕的。

如果做錯了事，且影響到別人，要及時道歉。勇於認錯的人並不多，能夠設身處地為他人著想的人，大家都會喜歡。

在工作中，和同事鬧翻，這對彼此的形象和信心會有無形的負面影響。出現這樣的情況，就要注意及時補救，以便修補彼此之間的裂痕。

其實，最有效的策略是向對方簡單地道歉：「對不起，我實在有點過分，我保證不會有下次了。」

要是重提舊事，企圖狡辯些什麼，只會惹來另一次衝突，同時也顯得缺乏誠意。切記，我們的目標是將事情軟化下來，與同事化敵為友，所以，最好靜待對方心情好轉或平和些時，正式提出道歉。

維持良好的人際關係，是成功的有利條件之一。

「想建立良好的人際關係，必須勤下功夫。」這是蘋果電腦人力資源資深副總裁蘇利文對員工提出的忠告。

要建立良好的人際關係需注意以下幾點：

1、平易近人，培養人緣，以贏得他人的支持。取得別人的支持，有助於邁向成功之路。

2、先伸出友誼之手。主動示好，讓對方留下好印象。

3、接受不同的意見。集思廣益有時能擦出更亮的火花。

4、不要讓第三者影響你對別人的看法，關注他好的一面，有助於做出正確的評價。以正面、陽光的心態相待，自會得到肯定的回報。

5、如果彬彬有禮令我們感到舒服，我們對他人何不也以禮相待。

6、談話要大方，鼓勵其他人開口，讓別人發表他的觀點、意見。

7、事情不成不要遷怒於人。你東山再起的速度，取決於對待失敗的態度。

團結合作，創造1+1>2

很多現代人信仰個人英雄主義，認為憑借一己之力就可以撐起一片天。很多人致力於開拓自己的成功之道，而忽略應有的團隊意識，他們往往沒有得到令人欽羨的成績，嚴重一點還會被公司炒魷魚。

我們知道，單憑一隻蜜蜂的力量是很難把所有的花粉都採集回來的，螞蟻遇上大獵物時也需要分工合作。就算一個人才華洋溢，僅靠自己的力量也很難創造出令人滿意的業績。

日本戰國時代大名毛利元就有三個兒子，三個兒子相處不和睦。毛利元就非常擔憂自己死後，三兄弟會因繼承一事引發內戰。某日，他給三兄弟一人一支箭，令其折斷，三兄弟每人都輕鬆折斷了，但一次給三支箭，每人就難以成功。毛利元就希望三兄弟能團結合作、抵抗外敵，否則就像一支一支箭容易折斷，這就是有名的「三矢之訓」。

社會上具「獨行俠」意識的人有很多，他們的共同點大致如下：

1、從不承認團隊對自己有幫助，即使接受過幫助也認為這是團隊的義務。

2、遇到困難喜歡單獨蠻幹，從不和其他同事溝通交流。

3、好大喜功，專做不在自己能力範圍之內的事。

一個人如果以這種態度對待所面對的團體，其前途必將是黯淡的，只有把自己融入到團隊的人才能獲得真正的成功。

要讓自己融入團隊，首先就要摒棄「獨行俠」的思想。和「自視甚高」、「剛愎自用」堅決告別，代之以「眾志成城」、「齊心協力」的團隊意識。

在專業化分工越來越細、競爭日益激烈的今天，如果把你的能力與別人的能力結合起來，所創造的業績將不再是一加一等於二，而可能是一加一等於三、等於四、等於五……。團結就是力量，這是再淺顯不過的道理了。

一個人是否具有團隊合作的精神，將直接關係到他的工作業績。一些大公司在招聘人才時，十分注意人才的團隊精神，他們認為一個人是否能和別人相處與合作，要比他個人的能力重要得多。有調查顯示，百分之九十六的公司決策是由團隊做出的，由個人做出決策的情況僅占極少數。

沒有團隊精神的員工，即使個人工作做得再好也無濟於事。就像上述的那些採購員一樣，只顧完成自己的工作，但缺少團結協作，以至影響到整個部門，乃至整個公司的效益。

在一個公司裡，幾乎沒有工作是能獨立完成的，大多數人只是在高度分工中負責其中一部分工作。只有依靠部門中全體職員互相合作、互補不足，工作才能順利進行，成就一番事業。

當你來到一個新的單位，上司很可能會分配給你一個難以獨立完成的工作。這樣做的目的就是要考察你的合作精神，他想知道的僅僅是你是否善於合作、勤於溝通。如果你不言不語，一個人費勁地摸索，最後的結果只有死路一條。明智且能獲得成功的捷徑，就是充分利用團隊的力量。

一位專家指出：現代年輕人在職場中普遍表現出的自負和自傲，使他們在融入工作環境方面顯得緩慢和困難。這是因為他們缺乏團隊合作精神，不願和同事一起想辦法，結果每個人都會做出不同的結果，對公司一點用也沒有。

事實上，一個人的成功不是真正的成功，團隊的成功才是最大的成功。對每一個上班族來說，謙虛、自信、誠信、善於溝通、團隊精神等美德，都是非常重要的。尤其團隊精神在一間公司、在人的事業發展中都是不容忽視的。

那麼我們能如何加強與同事間的合作，提高自己的團隊合作精神呢？

1、善於交流。

由於知識、能力、經歷的不同，你與同事在對待和處理工作時，會有不同的想法。交流是協調的開始，把自己的想法說出來，並聽聽對方的想法。你可以經常問：「我覺得這件事可以這樣做，我想聽聽看你的想法。」

2、平等友善。

即使你各方面都很優秀，認為以一己之力就能解決眼前的工作，也不要太張狂。每個人都有擅長與不擅長的地方，如果工作能夠提早做完，不妨提供其他同事需要的協助，未來需要別人協助時才不會孤立無援。

3、積極樂觀。

心情是會傳染的，沒有人願意和一個總是愁眉苦臉的人在一起。即使是遇到十分麻煩的事，也要樂觀以對，你要對夥伴說：「我們是最優秀的，肯定可以把這件事解決，如果成功了，我請大家喝一杯。」

4、創造能力。

一加一大於二，但你應該讓它大得更多。培養自己的創造能力，不要安於現狀，試著發掘自己的潛力。一個有不凡表現的人，除了能保持與人合作以外，還需要所有人樂意與你合作。

5、接受批評。

請把你的同事和夥伴當成你的朋友，坦然接受他的批評。一個對批評暴跳如雷的人，每個人都會敬而遠之的。

在同一個辦公室裡，同事之間有著密切的聯繫，誰都脫離不了群體。依靠群體的力量，做合適的工作而又成功者，不僅是自己個人的成功，同時也是整個團體的成功。相反，明知自己沒有獨立完成的能力，卻被個人欲望或感情所驅使，去做根本無法勝任的工作，那麼失敗的機會也一定更大。而且還不僅是你一個人的失敗，同時也會牽連到周圍的人，進而影響到整個公司。

一個團隊、一個集體，對一個人的影響十分巨大。善於合作，有優秀團隊意識的人，整個團隊也能帶給他無窮的收益。一個個體、一個社會人，要想在工作中快速成長，就必須依靠團隊、依靠集體的力量來提升自己。

學會寬容

在哈佛大學商學院的必修課程中，有一部分專門研究非智力因素對一個人成功的影響。在這些非智力因素中，他們極為重視「寬容」的價值，強調寬容是成功者的必備素質。

寬容是一種人生智慧，是建立人與人之間良好關係的法寶。一個擁有寬容美德的人，能夠對那些在意見、習慣和信仰方面與之不同的人表示友好和接受。寬容不僅對你的個人生活具有很大的價值，而且對事業有重要的推進動力。一個人經歷一次寬容，就可能會打開一扇通向成功的大門。借助寬容的力量，你可以實現自己偉大的夢想，成就自己的事業。

美國脫口秀主持人麻辣評價前第一夫人：希拉蕊．黛安．羅登．柯林頓出的自傳不會賣超過一百萬本，如有，將吃鞋子。過沒幾星期，希拉蕊的自傳即暢銷一百多萬本，眼看主持人該嘗嘗鞋子的滋味了。

最後的結局如何?主持人真的吃了鞋子?的確，他吃了，但品嘗的是鞋子形狀的蛋糕，由希拉蕊特別準備。

面對主持人的冷嘲熱諷，希拉蕊不僅沒有砲火反擊，也不是等著看吃鞋的好戲，而是用幽默寬容的方式巧妙化解尷尬。希拉蕊因寬容更讓人敬佩，爾後，她成為美國歷史上的第三位女性國務卿，也是歷史上第一位在聯邦政府總統內閣中任職的前第一夫人。

事實證明，事業越成功的人，也就越有寬容之心。宰相肚裡能撐船，不計過失是寬容，不計前嫌是寬容，得失不久踞於心亦是寬容。寬容可助你贏得下屬的忠誠，保持其積極進取的心；可使你不受一時得失的影響，保持對事情正確的判斷。所以，如果你想有所作為，獲得成功，那就要學會寬容，養成能夠容忍諒解別人不同見解和錯誤的肚量。

假如一個人不相信這一點，不按「寬容」的態度行事，那麼就永遠不可能成為一名真正的成功者。試想，如果因別人的一點過錯就心生怨恨，一直耿耿於懷，甚至想報復，整日沉湎於這樣的瑣事上，那麼誰還有精力發展自己的事業呢？

有人說，寬恕是軟弱的表現。千萬不要相信這種說法。要知道，怨恨是被動的和具侵襲性的東西，它像一個不斷長大的腫瘤，會使你失去歡笑，失去正面的前進動力。怨恨，對怨恨者本人的危害，比被仇恨的人更深。

冤冤相報撫平不了一個人心中的傷痕，只會將互相仇視、彼此傷害的人捆綁在無休止的報復上。印度的甘地說得好，倘若我們每個人都把「以眼還眼」作為生活準則，那麼全世界的人恐怕就要變成瞎子。

為防止困死在仇恨的惡性循環之中，當別人因過失而損害了我們的利益時，譬如，因朋友的出賣而被解僱，或因下屬的背叛敗給對手時，我們不要怨恨，也不要仇視，而應該用豁達、包容的胸襟，正視不滿或怨恨。最好能將錯事與做錯事的人區分開，對事不對人。我們可以重新徹底評估這個人，他的優點，他的缺點以及他做錯事時所處的環境。然後想著「讓過去的事情過去吧！」這樣我們就可以做出一個比較寬容的決定。

當遇到與我們不一致的觀點、做法時，首先要想想別人合理的地方，為什麼會這樣想、這樣做。然後，再把我們的做法與他們的做法相比較。我們平時也可以試著與不同風格、不同背景、不同思想的人做朋友，多觀察他們的做法。只有善於採納新的觀點，我們才能學會寬容。

如果發現有些人實在令人難以忍受，我們可以努力找出他的一些優點，然後，再見到他時，多想想他的這些優點。並且，在與別人的談論中，試著不要批評他的缺點，更不要作無謂的抱怨，這樣只會顯得我們器量小。

無論如何，我們要記住寬容的前提：「包含我們自己，每個人都會犯錯，而且每天都有可能犯錯；每個人都不完美，沒辦法在各個方面都盡如人意。」當遇到無法容忍的情況時，馬上默唸這一段，時間一長，就能用寬容之心理解別人、對待別人了。

多留餘地，惠人惠己

古人云：「處事須留餘地，責善切戒盡言。」留餘地，就是不把事情做絕，不把事情做到極點，於情不偏激，於理不過頭。

戰國時，楚莊王賞賜群臣飲酒，他的寵姬作陪。日暮時正當酒喝得酣暢之際，燈燭被風吹滅了。這時有個臣子因垂涎於楚莊王寵姬的美貌，加上飲酒過多，難於自控，便乘燭滅混亂之機，抓住了美姬的衣袖。

美姬一驚，奮力掙脫，並順勢扯斷了那人頭上的繫纓。她私下對楚莊王說要查明此事，並嚴懲此人。莊王聽後沉思片刻，心想：「賞賜大家喝酒，讓他們喝酒而失禮，這是我的過錯，怎麼能為女人的貞節而辱沒將軍呢？」於是命令左右的人說：「今天大家和我一起喝酒，如果不扯斷繫纓，說明他沒有盡歡。」於是群臣都扯斷了帽子上的繫纓，待掌燈之後，大家繼續熱情高漲地飲酒，一直飲到盡歡而散。

過了三年，楚國與晉國打仗，唐狡常常率領一批敢死隊在最前線衝殺，最後打退了敵人，取得勝利。莊王感到驚奇，忍不住問他：「我平時對你並沒有特別的恩惠，你打仗時為何這樣賣力呢？」唐狡回答說：「我就是那天夜裡被扯斷了帽子上繫纓的人。那日受恩於大王的寬容和大度之心，才能有今日所為。」

正因為楚莊王給臣子留了餘地，才換來了下屬的忠心耿耿。

留餘地，其實包含兩方面的意思。給別人留餘地，無論在什麼情況下，也不要把別人推向絕路，迫使對方做出極端的反抗，這樣一來，事情的結果對彼此都沒有好處。另一方面，給別人留餘地的同時，也是給自己留餘地，讓自己行不至絕處，言不至於極端，有進有退，以便日後更能機動靈活地處理事務，解決複雜多變的問題。

日本松下公司的創始人松下幸之助以其管理方法先進，被商界奉為神明。他就善於給別人留有餘地。

後藤清一原本是三洋公司的副董事長，慕名而來，投奔到松下的公司，擔任廠長。他本想大有作為，不料，由於他的失誤，一場大火將工廠燒成一片廢墟，造成公司很大的損失。後藤清一十分惶恐，認為這樣一來不僅廠長的職務保不住，還很可能被追究刑事責任，這輩子就完了。他知道平時松下是不會姑息部屬的過錯，有時為了一點小事也會發火。但這一次讓後藤清一感到欣慰的是松下連問也不問，只在他的報告後批示了四個字：「好好幹吧。」

松下的做法深深地打動了後藤清一的心，由於這次火災發生後沒有受到懲罰，他心懷愧疚，對松下更加忠心效命，並以加倍的工作來回報松下。

松下給下屬留有了餘地，也給自己留下了更快發展的餘地。給別人留餘地，本質上也是給自己留餘地；不給別人留餘地，伸手打別人耳光的同時，也等於在打自己的耳光。亨利．福特就曾犯下過這樣的錯誤。

李．艾柯卡剛進福特公司時只是一名低階的推銷員，後來他推出新的推銷方案「五十計畫」，使他負責的地區從全公司銷售最差一躍成為各區之首，一下子轟動了福特公司總部，他的職位也得到了晉升。不久，他主持設計的「野馬」車又為公司創造了數十億美元的利潤。一九六五年，他開始出任公司的轎車和卡車系統的副總經理。經過十多年的奮鬥，憑著天才的推銷能力和傑出的研發組織能力，艾柯卡步步高陞，成為了福特汽車王國的高層管理人員。

俗話說「功高震主」，艾柯卡的巨大成功招致了公司獨裁者福特的嫉妒，使他越來越厭惡艾柯卡。福特對艾柯卡日增的威望深感不安，他不願意看到在王國裡有一個與自己分庭抗禮的人，他更害怕福特公司會被艾柯卡奪走。於是，他毫不留情地解僱了艾柯卡。

艾柯卡在福特公司任職三十二年，當了八年經理，卻被突然解僱，從巔峰墜入冰谷，這對艾柯卡來說打擊是非常大的。昔日的朋友遠離了他，妻子被氣得心臟病發作，連女兒也罵他無能。他形單影隻，成了世界上最孤獨的人。但他不是個隨便退縮的人，既然福特與他化友為敵，他就要把這個敵人的角色扮演到底。

艾柯卡轉而投奔克萊斯勒公司，經過一番努力，他領導的克萊斯勒公司在極短的時間內就搶去了福特公司的大部分市場，躍到福特公司的前面。這個時候，福特後悔也已經來不及了。

在平時的工作與生活中，給別人留有餘地，同樣是一種可以幫助我們成功的美德。我們培養自己留餘地的美德時，應切忌如下「四絕」：

1、權力不可使絕。
2、金錢不可用絕。
3、言語不可說絕。
4、事情不可做絕。

當個「有心人士」

每一位老闆或上司都希望自己的員工積極主動，並能帶著思考投入工作，他絕不想僱用機器般的員工和下屬，因為這樣會讓他不得不分出精力去指導具體業務的進行。因此在工作中，若不能主動思考及實踐，就永遠不可能有進步。

想改善在工作中被動的情形，我們可以朝以下兩方面努力：

首先，要改正工作中常見的錯誤想法。

每天按時上班、準時下班，絕不在公司多待上一分一秒；上司交待的工作雖然不會延誤，也絕對不會超前完成；現有工作完成之後，如果上司沒有交代，也不會主動找工作去做，並認為上司沒有及時交待任務是他的過失等。這些想法都是錯誤的。

在老闆的心目中，員工是不能在辦公時間停下來的，員工有責任去發掘工作，而不是讓工作去找他們。

其次，你需要很明確地掌握老闆和上司的指令，並加上本身的智慧與才幹，把工作做得比老闆或上司想像得還要好。

一位玩具工廠的老闆在他的回憶錄中這樣寫道：

「有些員工接到指令就只想到執行，只希望老闆具體而詳細地說明每一個步驟，而他們只要按照說明書一步一步完成組裝就好了。他們完全不去思考工作本身的意義，以及自身的能力可以發展到什麼程度。」

「不思進取的人從接到工作的那一刻，就開始感到厭倦，他們不願花半點腦筋，覺得最好自己能像機器人一樣，輸入了程式就不用思考地順利把工作完成。」

「我認為這種員工是不會有出息的，因為他們不知道思考能力對於人的發展是多麼的重要。」

上司的時間是寶貴的，他們必須處理各方面的事情，無法照顧到所有細節。若能領會他們的意圖，並在執行任務時兼顧上司沒有交代的細節，對他們來說實在再好不過了。工作時，時時思考自己是否有做到以下四點：

第一、主動學習更多工作相關的知識，隨時運用到工作上。

第二、高度地自律，不用督促就把工作效率保持在一定水平之上。

第三、主動發掘更多、更即時的市場資料，運用在工作上。

第四、從別人那裡學習好的工作方法和經驗，並敢於在工作中合理運用。

學會在工作中做一個「有心人」，工作和事業才能發展得更接近你的理想。

做事靈活、懂得適時變通的人總是能領先別人一步。猴子般靈活的機智和應變能力，是你在職場中鶴立雞群的法寶。

不懂機智應變的人也許非常努力刻苦工作，但充其量不過是一頭勤奮的牛，只能用來做粗活，被人牽著鼻子工作。

在工作中遇到困難時，你的應變是否恰當，是老闆加分或扣分的依據。假如你的應變符合老闆的期許，你將會獲得令老闆賞識的機會，向「牽牛人」的位子近了一步。

那麼應變技巧從何而來呢？應變技巧不是與生俱來的天賦，是可以通過不斷學習和演練培養出來的。以下，教讀者幾招遇到阻礙時應變的技巧：

1、了解公司在各個時期內要達到的目標。

在實際的工作過程中，你必須對公司的要求和變化瞭如指掌，以公司的目標為目標。例如：在某一個年度內要做成多少筆生意，吸納多少客戶，或達到多少盈利等。當我們知道公司當前和長期的重要目標，就能做出相對應的努力，以配合公司的發展。

2、把抱怨的習慣改成理解。

在工作中遇到麻煩的老闆、嘮叨的客戶、刁鑽古怪的同事，的確是令人沮喪而又無可奈何的事，不少人經常為此抱怨連連。

其實，這種表現也在不自覺間給別人造成很大的壓力。人與人之間的溝通是一種循環，如果承受壓力時抱怨以對，也會造成其他人的壓力。

因此，在與上司和同事以及客戶相處的過程中，把難題用正面心態化解，才能展現出你良好的應變能力，減少這種人際交往中的摩擦。

3、以不變應萬變。

假如工作中遇到突然的變故，大多數人都會手足無措，一時間不知如何是好，這時候與其急得團團轉，還不如冷靜下來思考對策。

很多時候工作上的突發事件是屬於過渡性質，並不需要真的做出行動上的配合。譬如，遇到蠻不講理的客戶，你只要在表面上附和他們，以委婉的方式溝通就足以應付。

在工作中，只有學會「順風轉舵」，因應不同情勢做出冷靜判斷，才能做到處變不驚、巧妙應付、化險為夷。

聰明的猴子不會守著空無果實的樹林活活餓死，而是會尋找新的家園，換一種方式生活。面對困境，聰明的職場人士也不應只遵循固有的工作方式和方法，而應該勇於嘗試各種新的方法。

當既有的方法都行不通或者達不到理想的效果時，運用智慧開闢新的方法和途徑，常常能得到「柳暗花明又一村」的效果。

兩個歐洲的推銷員去非洲推銷鞋，看到非洲人向來都赤著腳。第一個推銷員看到此景失望起來，並即刻打道回府。而另一個推銷員卻驚喜萬分：「這些人都沒有鞋穿，一定大有市場啊！」於是他想方設法，引導非洲人購買鞋，結果發大財而歸。

這就是創新與守舊的天壤之別。同樣是非洲市場，同樣面對赤著腳的非洲人，由於觀念之差，一個人因循守舊，不戰而敗；而另一個人信心滿懷，敢於創新，大獲全勝。

對於職場人士來說，只重守成不重創新是非常不明智的。不敢做出改變與嘗試，落後的工作觀念就會束縛他們的發展，使他們離成功越來越遠。

要知道，創新不僅對公司有利，也對個人的形象、聲譽、能力和前途有利，成敗得失並非關鍵，重要的是你是否有勇於嘗試的精神。無論創新的意念是否獲得接納，執行得是否順利，都能顯示出你對公司的熱誠和責任感，並讓你獲得老闆和同事的認同，這對你的發展至關重要。

為了使自己能在工作中隨機應變、敢為天下之先，應該注意以下幾點：

1、樂於接受各種創意。摒棄「以前的人都失敗了，我也不可能做到」、「老闆絕對不會支持我」、「我不能冒這個險」等思想。

曾有一位非常傑出的推銷員說：「我不需要把自己裝得精明幹練，但我可以是這個行業中最好的一塊海綿：盡我所能地吸取所有良好的創意。」

2、勇於嘗試新的事物。

試著培養自己的冒險精神，改變固定的工作模式。閱讀一些有關工作的書籍，結識一些新的客戶，改變一下以往的上班路線，或在假期去一個陌生的地方旅遊。多學習一些與職涯相關的新知識，可以擴展你的能力，為你以後擔當更重大的責任作準備。

3、帶著問題工作。

成功的職場人士都喜歡問自己：「怎麼樣才能做得更好？」人只要具有問題意識，自然能夠了解自己所欠缺的還有很多，這些可能正是公司今後發展的策略和方針。

4、不斷地為自己設立可行的目標。

不斷地為自己設定較高的目標，不斷尋求增進效率的各種方法，以較少的精力做較多的事情。記住，「最大的成功」都是保留給具有「我能把事情做得更好」的態度的人。

5、管理和發展你的創意。

創新的意念也許只會在一個瞬間閃現，如果沒有立刻寫下來就可能隨時「飛」

走。因此，隨身帶著筆記本，創意一來，馬上記下。然後，定期複習你的創意，找出有價值的創意繼續培養及完善。

如果你能夠做到以上五點，就會很容易地摒棄保守的思想，逐步培養起創新的意念，並利用創新推進自己的事業。

尊重你的工作

工作是創造事業的要素，是發展人格的工具。

在某種程度上，了解一個人對工作的態度，也就相當於了解了那個人，一個人工作的成就，同時體現了他的內在價值。換角度而言，人在忙於工作的時候，一切痛苦都會被忘懷，一切罪惡的引誘也無法侵入。一個不重視自己工作的人，絕對不可能尊敬自己；一個不認真對待工作，視工作為低下、卑賤及粗劣代名詞的人，他的工作鐵定做不好。在其一生中，也就不會有真正的成功。

盧彥勳為台灣男子網壇創造許多新紀錄，二〇〇九年澳洲網球公開賽打進第三輪，是台灣男子選手晉級大滿貫賽三十二強的第一人，二〇一〇年闖進溫布頓網球錦標賽男子單打八強。盧彥勳每天至少練球五至六小時，另外還有重量訓練及體能訓練。

有著堅定的夢想、強大的鬥志，但微薄的經費、有限的資源，讓盧彥勳的網球生涯充滿著辛酸血淚，但他未因而退縮。《遠見雜誌》的專訪中透露如此拚命的原因——「這是我的職業，這就是我該做的，我要尊重我的職業。」

因此，無論何時何地，都不可不尊重自己的工作，把工作視為換取物質生活、不能避免的勞碌，敷衍了事、憎厭至極。要知道，這些錯誤而又可怕的想法，是摧毀理想、阻礙前進的仇敵。它會壓抑你智慧的火花，讓你內在的潛力很難得到發揮，更會使你白白喪失成功的機會。

有些人之所以未能成功，就是因為他們的大腦裡裝滿了這些想法，對自己的工作播下「冷漠」的種子，吝於在工作上使出全力，只想隨便應付了事。倘若你也持有這種想法，那麼無論你從事多麼高尚的工作，充其量也只不過是一個平庸的工匠罷了。

想去除這一種想法，走向成功之途，首要的條件，就是正確地看待你手中的每一項工作。必須懂得，工作是人生的一部分，並無高低之分。最好能在每天開始工作時，這樣對自己說：「我喜歡這份工作，我願竭盡我的力量把工作做好。」

惟有真誠、樂觀和熱情才能引導一個人走向成功。這三種特質，也就是讓人能夠全力做好工作，為工作中的辛苦調味的祕訣。

也許，有許多人面對手中平凡乏味的工作，會這樣自問：「即使我把它做好了，又有什麼用呢？」殊不知，許許多多的機會就蘊藏在極平凡的職位中。

如果你對工作注入十萬分的熱情和認真的態度，你便有機會從一成不變的工作中找出新的方法，如此更能得到上司的青睞，為自己吸引到發揮本領的機會。

有人曾這樣比喻：一個人的終身職業，就是他的雕像，是美麗還是醜惡、可愛還是可憎，都是由他一手所創造。

不論你現有的工作多麼的微不足道，你對工作如何不滿意，只要你用進取不息的認真態度、永不熄滅的熱忱、主動努力的精神去工作，那麼，你就會從平庸的地位上脫穎而出，嶄露頭角。

成為獨一無二的自己

在這個世界上，充滿了形形色色的追隨者和模仿者，他們總是喜歡依照他人的足跡行走，沿著他人的思路思考。他們認為，「模仿」可讓自己節省心力，是走向成功的一條捷徑。殊不知，「模仿乃是死，創造才是生。」

對任何人來說，模仿都是極愚拙的事，是創造的勁敵，會使人的心靈枯竭、沒有動力；會阻礙人取得成功，干擾人進一步發展，拉開與成功的距離。

事事仿效他人的人，不論所模仿的對象多麼偉大，也絕不會成功。沒有一個人，能依靠模仿他人，去成就偉大事業的，甚至愈去模仿他人，愈有可能失敗。

在大作家波特萊爾和梭羅出名以後，數百年間，有無數青年寫作者學習他們寫作的筆法、方式和各種抒情的語氣。然而，可悲的是，在那些模仿波特萊爾和梭羅的青年寫作者中間，沒有一個成功。這歷史的見證，有力地說明成功絕不會出自於模仿。

假若你在工作中，從不注意自我創造，總是去模仿他人，做別人已經做過的事情。那樣，即使你具有卓越的才幹，也很難引起大眾的注意，獲得成功。

相反的，假若你運用新奇和進步的方法，獨樹一幟，你便能輕而易舉地吸引人們的目光，開闢出一條通往成功的路徑。

千萬不要責怪成功總是躲避模仿者，卻喜歡追求創造者。從巨觀的角度來說，創造是社會進步的需要，如果把那些創造者的事跡從歷史中刪去，那麼，歷史的每一頁都將是昨天的翻版。今天的我們，也許還停留在混沌未開的原始狀態。

所以有人詼諧地說過：一個創造者，勝過一打模仿的人。此話絕不誇張。看看吧，發明安全刀片、燈泡的人只有一個，卻滿足了千千萬萬個人每天刮鬍子、照明的需求。

拿破崙並不熟諳以往的軍事戰術，但他匠心獨運，布局征服了全歐洲；做過警察、行政員、副總統、大總統的羅斯福，認為「世事如棋局局新」，他總是按照自己的主意，認真去對待每一件別人忽略的事情，終於獲得了驚人的政績。

可想而知，如果這些人走在前人走過的路上，永遠不可能得到成功之神的垂青，更不會聞名全世界。

所以，無論何時何地，你都要努力創造，學會從得到中失去，從失去中獲得成長，在成長中擁抱成功的機會。

做一個時代的新人，永遠不要打「模仿」的如意算盤，指望它幫助你獲取成功。這個錯誤的念頭，只會給你帶來失敗，讓你一生平庸。

不要說自己沒有創造力、只能模仿他人的喪氣話，那是自欺欺人，為失敗找藉口。上天是公平的，它在賦予人們生命的同時，也將不同的天資埋進每個人的身體裡面。你只需把它充分挖掘出來，像所有成功者那樣，在創造中成就自己的事業。

在事業起步之初，固然可以將他人成功的經驗當作楷模，但我們參考的，別人也可能參考，如此就會陷入競爭的紅海，讓每一步都走得更加艱辛。何況我們如今面對的是不斷變動的世界，成功的經驗每過一段時間就會被淘汰，必須憑藉我們的真本事，因應不同狀況找出最佳的應對方式。

假如一位律師，遇到沒有前例可循的案件，就要用獨到的見解，贏得訴訟；若是一位商人，就要搶在競爭對手之前解讀市場的趨勢，進一步發展企業。總之，不論事業是大是小，自己的創造力都是必要的。

若正在犯拷貝他人這個愚蠢的錯誤，趕快停下吧！只要你對生活多一點觀察，做一個勤於思考、敢於創造的人，也許下一個成功者就是你了。

不比較，不計較

很多人都抱有種不切實際的想法：一切都必須是公平合理的。

在這種想法的引導、支配下，他們總在尋求「公道」和「正義」。一旦受到不公平的待遇，就會憤怒、憂慮、失望，藉由各種負面的抱怨，以發洩內心的不滿，如：「這世界越來越不公平了」、「如果我不能這樣做，你也不可以」等等。

愛默生曾說過這樣一句話：「一味愚蠢地要求始終如一，是心胸狹隘的弊病之一。」

在無窮無盡的抱怨中，浪費自己與他人的珍貴時光是十分不明智的。

強求公正是注重外部環境的表現，也是對自己的生活不負責任的行為。強求公正的人總是根據別人的行為，衡量自己的得失。支配他們情感的，不是他們自己，而是別人。當一個人因為未能做別人所做的事情，而煩惱不已，他就已經失去人生的主導權了。

不要認為強求公正的現象並不常見。只要稍加留意，你就會在自己和別人身上，發現許許多多「渴求平等」的行為縮影。

例如，抱怨有些人工作不多，報酬卻比你高許多；有些人能力明明比你差一大截，卻大受上司恩寵而得以晉升。

倘若你堅持以「公平」的方式做事，一條線劃齊，就很可能掉進「苛求公平」的陷阱。在這個陷阱中，你將別人的行為看得比自己的更為重要，不由自主地依據別人的標準生活。在別人的陰影下奮鬥，如此一來永遠不可能開創自己的生活，更難見到屬於你自己的那片藍天。

亞當斯說過：「以為根本沒有公正的人，是愚蠢的；以為人人都公正，則更為愚蠢。」

當然，追求公平正義並沒有錯。但是，如果你在生活和工作中的雞毛蒜皮處，一味苛求正義和公道，未能如願便消極處世，這就會構成阻礙你成功的障礙。

苛求公正的直接不良後果，往往是極具破壞力的「自我挫敗」。因為這些行為會讓人脫離現實，將你引向一種幻境。

在幻境中，人可以自命清高，為自己的正直沾沾自喜，自以為高人一等；他可以將一切問題歸咎於不公平的人和事，逃避負任何責任，並且為自己的惰性找到了理由，讓自己有理由不採取一切行動：「如果他什麼都不做，我也不做」。這也是許多人之所以對「尋求公正」的心理和行為戀戀不捨的原因。

其實，人與人之間本來就存在著差距，不公正現象的存在也是必然的。別人的境遇如果比你好，那你無論如何抱怨、煩惱、憤怒，也不會因此改變自己的境遇。

如果你想擺脫「苛求公正」的枷鎖，摒棄這種不良心理，就必須對症下藥才能見效。「苛求公正」問題的關鍵，並不在於世界上存在著不公正現象，而在於你對這些現象所持的態度如何。

因此，你應該放下瞄著別人的望遠鏡。只要你將注意力放在自己身上，不去和別人比長較短，或者總以別人的境遇作為衡量自己幸福、成功與否的標準，你就會覺得周圍的不平等現象是多麼無所謂，更不會因「不公平」而煩惱不堪。

我們應該將目光聚焦在自己的目標上，永遠只與昨天的自己做比較，不斷對自我發出挑戰：「我有比昨天的自己更接近目標了嗎？」如果沒有，更應該砥礪自己向前。如果有，就可以逐步消除使我們煩惱的心理，使我們可以輕鬆跳出苛求公正的心理陷阱。

感恩的心，感謝有你

職場中，沒有感恩圖報之心的人總是把公司、同事對他的付出視為理所當然。當他在工作中稍有不如意時，會一味地期待他人的「幫助」；一旦有不滿，便牢騷滿腹，抱怨不止，或者「另起爐灶」，不斷跳槽。但跳來跳去，也跳不出自己狹隘的心理，跳不出苦悶的心情。結果，是鬱鬱終日。

如果你不想成為這樣的人，如果你還期望在職場中取得成績，那麼，你必須學習感恩圖報的精神。

感恩圖報既是一種良好的心態，也是一種奉獻精神。當你以感恩圖報的心情工作時，你會工作得更愉快、更出色。

一位成功的職業人士曾說：「是感恩的心情改變了我的人生。當我清楚地意識到我沒有權利要求別人無條件對我付出時，我對周圍的點滴關懷都懷抱強烈的感恩之情。我竭力要回報他們，我竭力要讓他們快樂。結果，我不僅工作得更加愉快，所獲得的幫助也更多，工作也更出色。我很快就獲得公司加薪升職的機會。」

每一份工作與其抱怨環境並非盡善盡美，但其中都存在許多寶貴的經驗和資源，如失敗的沮喪、自我成長的喜悅、溫馨的工作夥伴、值得感謝的客戶等等，這些都是邁向成功必須學習、感受和必須具備的財富。如果能每天懷著感恩的心情去工作，在工作中始終牢記「擁有一份工作，就要懂得感恩」的道理，你一定會收穫許多。

談到破例被派往國外做市場調查時，她說：「我和另一位男同事雖然同樣都是研究所畢業的，但我們得到的待遇並不同，他的職等比我高一級，薪水也高我出很多。

值得慶幸的是，我沒有因為待遇不如人就心生不滿，我還是盡忠職守，認真做好每一件事。當許多人抱著多做多錯、少做少錯、不做不錯的心態時，我盡心盡力做好我手中的每一項工作。我甚至會主動找事做，了解主管有什麼需要協助的地方，事先幫主管做好準備。

到公司報到的前一天，父親告誡我三句相當受用的話：『遇到一位好老闆，要忠心為他工作、假設第一份工作就有很好的薪水，表示你的運氣很好，要感恩惜福、如果薪水不理想，就要懂得跟在老闆身邊學功夫，把學到的東西當做是你的報酬。』

我將這三句話牢記在心裡，並始終秉持這個原則做事。即使剛開始位居他人之下，我也沒有計較。每個人的努力，老闆是會看在眼裡的。後來公布出國參訪人員名單時，我是資歷最淺、職位最低的辦事員。我何德何能，可以取得這麼好的機會？說穿了，只是因為我懂得感恩惜福、把握住每一個眼前的機會。」

所以，在職場中不論做任何事，都要把心態回歸到零，抱著學習的態度，將每一次都視為是一個新的開始，一次新的經驗，不要計較一時的待遇得失。一旦做好心理建設，擁有健康的心態之後，不論做任何事都能甘之如飴、全力以赴，當機會來臨時才能及時把握住。千萬不要覺得心不甘情不願，到頭來，連簡單的工作也無法做好。

我們應該深刻地認識到：公司提供一個廣闊的發展空間、施展才華的場所，我們對公司所付出的一切，都要心存感激，並力圖回報。

回報公司的這些「厚愛」，只需要我們做到一點：「忠誠」。要喜愛公司賦予的工作，全心全意地完成公司分派的任務。同時注重提高效率，多替公司的發展構思設想。

我們一切須從大局出發。當遭遇到不公平待遇時，請相信這只是公司管理階層的暫時失誤，甚至是公司的考驗。當公司某些制度和員工基本利益相衝突時，一定要正確理解這一切，充分相信公司的「智能」和「眼光」。甚至在公司面臨暫時的經濟困難時，想辦法幫助公司渡過難關。

我們要學會維護公司的形象，替公司說話。當客戶有了抱怨時，要妥善處理，為公司贏回可能喪失的信譽、信用等等。

在我們與上司相處的過程中，要善於維護上司的權威，偶有不平或不滿，要想辦法消除心中的芥蒂，盡可能挖掘上司的好處。這樣，上司才能更好地管理，公司才可能長足地進步和發展。

同事和我們一樣是公司的一員，是公司的基本組成要素，對同事的寬容和愛心也體現出對公司的熱愛。何況，同事也是最親密的夥伴，是助我們成功的最堅實的力量，對於他們的點滴幫助，要學會說「謝謝」；對於他們所遭遇的困難，要竭力幫忙。最要重的是要真誠地與他們合作。

有了付出，必有回報。當我們滿懷感激，忠心地為公司工作時，公司一定會為我們設計更輝煌的前景。

愛心的藝術

一個哲學家問他的學生們：「世界上最可愛、最寶貴的財富是什麼？」學生們爭先恐後地站起來回答，各抒己見。最後一個學生回答道：「世界上最可愛、最寶貴的東西，是愛心。」哲學家說：「的確，他們所有的回答，都被你這兩個字所包含，因為愛心比那千萬家產有價值的多。而且有這種財富的人，常不用花一分錢的代價，也能做出偉大的事業。」

這絕非虛言。人生的美德沒有比愛心來得更寶貴。它是一切美好事物的源頭。當你獻出心中的愛時，得到的愛會成倍地增加，甚至一個小小的愛心之舉就會改變你的命運，讓你一舉成名。

韓國韓進企業集團董事長趙重熏，原來只是在仁川經營貨運生意的一名司機，當時司機這一行業是下階層的工作。由他設立的韓進商場發展一直很緩慢。使他真正發達起來的轉折點，是他做了富有愛心的一件事。

一天，趙重熏由漢城開車前往仁川，經過富平時，看到路旁有輛拋錨的轎車，是位美國女士的，他馬上下車熱心地幫忙修車。令人意想不到的是這位女士竟然是駐韓美軍高級將領的夫人，她在感激之餘把趙重熏介紹給自己的丈夫，從此，這位企業家的事業開始真正地起飛了。因為當時朝鮮戰爭結束不久，韓國國內物資極度匱乏，全靠美軍援助。在這位駐韓美軍高級將領的幫助下，趙重熏接下了美援物資運輸這筆大生意，他開始日進斗金，快速發展起來。在越南戰爭期間，他又利用和駐韓美軍的親密關係，獲得了在越南從事軍運的許可，為此賺到了一億三千萬美元。

如今，韓進企業集團包括大韓航空在內，一年總營業額為一兆兩千億韓幣。而這一切成就的根源，就是趙重熏的愛心。

一般人通常把愛心視為一種偶然幸運的體驗並陶醉其中的情感。但是，對一個成功的經營者來說，愛是一種能力，一種態度，是一門需要修養和努力的藝術，其基礎就是給予、關心、責任感、尊敬和了解。如果不努力掌握經營愛心的藝術，那麼，所有的經營意圖都注定不成功。因為要想贏得別人的「愛」，必須先從自己關愛別人開始。對付出愛心吝嗇的人，只能得到別人的冷漠而走向失敗。

愛別人就是愛自己。你在送別人一束玫瑰的時候，自己手中也留下了最持久的芳馥。要想成功，就必須富有愛心。

但是要培養出良好的「愛」的藝術並非輕而易舉的事，它需要通過自身的努力實踐而獲得。在生活中，要處理好與同事、鄰里和上司的關係，一旦他們有什麼困難需要幫助時，就要挺身而出，幫他們做一些能力所及的事。

當你看到陌生人有困難時，不要因為不認識而放棄了愛心，他們或許渴望著你的援助之手。這時候，你給他們一點關心，對他們來說就像雪中送炭一樣重要。

我們還應該放棄仇視心理，不要斤斤計較小事，別人因過失甚至故意損害我們的利益，也不要老記在心裡，甚至想去報復。斤斤計較這種小事，會增加心理負擔，讓心理得不到寧靜，自然會破壞我們的愛心。缺乏愛心，是獲得成功的最大敵人。

最後，請加強自我修養，多向一些修養好、品德高尚、富有愛心的人學習。畢竟人生因為有愛才有意義、有激情。而能使你走向成功的動力，也正是愛心。

邁出奉獻的一步

讓生活更美好的簡單祕訣，就只有兩個字：奉獻。

一個人如果能夠不斷地獨善其身並兼善天下，那他就明白了人生的真諦。那種精神不是金錢、名譽、讚美所能比擬的。只有擁有奉獻精神的人才會取得真正的成功，而奉獻也正是一個人成功價值的最好表現。

有一個盲人在夜晚走路時，手裡總是提著一個明亮的燈籠，別人看了很好奇，就問他：「你自己看不見，為什麼還要提燈籠走路？」

那個盲人滿心歡喜地說：「這個道理很簡單，我提燈籠並不是給自己照路，而是為別人提供光明，幫助別人。我手裡提燈籠，別人也容易看到我，不會撞到我身上，這樣就可以保護自己的安全，也等於幫助自己。」

奉獻，是高於一切的動機，有了這種動機，就可以達到你所嚮往的人生高度，並且能夠深得人心。這就是奉獻的威力，它能激發出讓人難以置信的能力，改寫一個人的命運，甚至能使一個身無分文的人成為傳奇人物。

一九三三年，經濟危機籠罩著整個美國，大小企業紛紛破產，有些尚存的企業也是如履薄冰，小心翼翼。而就在這種危機重重的時刻，哈里遜紡織公司發生了一起大火災，整個工廠淪為一片廢墟。三千多名員工回到家裡，悲觀地等待著老闆宣布破產和失業風暴的來臨。

在漫長的等待中，老闆的第一封信到了。信件沒提任何條件，只通知每月發薪水的那天，照常去公司領取這個月的薪資。

在整個美國一片蕭條的時候，能有這樣的消息傳來，員工們大感意外，他們紛紛寫信或打電話向老闆表示感謝，老闆亞倫．傅斯告訴他們，公司雖然損失慘重，但員工們更苦，沒有工資他們無法生活，所以，只要他能弄到一分錢，都會發給員工。

三千名員工一個月的薪水是一筆不小的款項。紡織公司已經化成一片廢墟，別說是處在經濟蕭條時期，就是在經濟繁盛時期也很難恢復元氣。既然恢復無望，亞倫．傅斯還要自掏腰包給已經沒有工作的工人發工資，那不是愚蠢的行為嗎？當時，曾有人勸傅斯，你又不是慈善機構，這時候，你不趕緊一走了之，卻還給工人發工資，真是瘋了。

一個月後，正當員工們為下個月的生計煩惱時，他們又收到老闆的第二封信，信上說再支付員工一個月的薪水。

員工們接到信後，不再只是意外和驚喜，而是感動得熱淚盈眶。在失業席捲全國，人人生計無著落，即使上班也有可能拿不到工資的時候，能得到如此的照顧，誰能不感念老闆的仁慈與善良呢？第二天，員工們陸陸續續走進公司，自發地清理廢墟，擦洗機器，還有一些主動去南方聯繫中斷的貨源，尋找好的合作夥伴。

三個月後，哈里遜公司重新運轉了起來，這簡直就是一個奇蹟。這個奇蹟是員工們使出渾身解數，恨不得每天二十四小時全用在工作上，日夜不停地奮鬥所創造出來的。

就這樣，亞倫·傅斯用他的奉獻精神，使自己的事業起死回生，他的事業蒸蒸日上。現在，這個公司已經成為美國最大的紡織公司，分公司遍布五大洲六十多個國家。

奉獻的同時也是收穫。如果你播種奉獻的種子，予人所能給予的，那麼，奉獻之果必會循環回報給你。當你奉獻得越多，得到的就越多。

凡是真正的成功者，都是樂於奉獻的人，他的一切作為都不存私心，只求竭盡全力做好。

鋼鐵大王卡內基，把自己一生的資產都捐給了圖書館；老一代「捐錢大王」洛克菲勒，把賺到的錢通過設立基金和建大學的形式捐了出去；著名企業家福特，懷著要讓普通大眾都開上汽車的奉獻精神，終於讓汽車開進了普通美國家庭；香港著名企業家李嘉誠，十幾年來他幾乎每年都向中國捐助一億港元以上的資金，幫助祖國舉辦公益事業。

即便不是世界級的富翁，奉獻精神也能使一個人的人格偉大。

菜販陳樹菊將所得全數捐出興學，讓窮苦的地方有了第一座自己的圖書館；台大新聞所學生沈芯菱說：「真正的窮不是沒有錢，而是沒有能力去付出。」她自費架設免費學習網站，並透過「草根臉譜」紀錄社會底層人們揮汗工作的模樣，傳達人民的心聲。

或許你心中已有奉獻的嫩芽萌發，那就好好培育它，讓它茁壯成長，這會加強你的自我認同，相信自己的確可以成為「這種人」。付出真誠的關心，實際行動，造成改變，你將會發現事業上沒有什麼困難，因為你知道什麼才是「真正」的困難。

當你把奉獻的目光擴及到自己的家人、社區、社會乃至更大的世界，你將會得到恆久的成就感。那時，你自己就是一個英雄，一個真正的成功者。

不要以為奉獻就是要向福利機構大額捐款。在生活中，我們處處可以奉獻。當別人遇到困難，伸出援助之手幫忙，即使微不足道，只要盡一己之力，也會有很大的意義，這可能會讓他感到人間溫暖，對人生重燃希望。千萬不要袖手旁觀，要知道，一句暖人心扉的話，一份富有愛心的贈與，都是奉獻，不在多寡，而在於我們做了沒有。

你要相信每個人都有與生俱來成為成功者的可能，只要邁出那奉獻的一步，你就能扭轉自己的人生，就算一時看不到成果，但日後務必能使你走向成功。以誠摯與無私的博大胸懷、高尚的品格去奉獻社會，你就能體驗到生命中最大的快樂和真正的成就感。

心底無私天地寬

所謂無私，並不是指一點私心都沒有，而是指做任何事之前，都要講究公共道德，把公眾的利益放在個人利益之前，以公眾利益為重。因為在這個社會上，每個人都處在一個獨一無二的位置上，從這個位置出發，關心自己，發展自己，實現自我是每個人的追求，這沒有什麼不合理的，沒有什麼值得非議的。其實也正是因為人們有正常的關心自己、發展自己、實現自我的「私心」，社會才充滿勃勃生機。

培根說：「一個最可惡的人，是一切行動都以自我為中心，想讓其他星體在其周圍繞行一樣。」

人不是生活在真空裡，你所做的每一件事，都與別人相聯繫。一個無私的人，他不會過分計較個人私利，他寬闊的胸襟和灑脫的態度一定會感染別人，讓別人刮目相看。當他以無私的態度對待別人時，別人也會將心比心，投桃報李，回報於他。所以，無私的人會很容易在社交上、事業上贏得他人的理解、支持與幫助，從而更容易走向成功之路。

相反的，一個自私的人往往自以為高明，處處只顧一己之利，不為別人考慮，那樣他就會「失道寡助」，沒人願意與他共事，因而他永遠不會取得真正的成功。

成功學家拿破崙．希爾曾向一家公司董事長推薦一位具有相當水準的朋友。這個朋友是個賺錢的高手，能力非常強。假若這位董事長能重用他，對公司一定有很大幫助。這位朋友果然備受董事長的重用，他所設計的商品，推出後沒多久，就受到大眾的歡迎，賺了一大筆錢。

可是，賺了錢的董事長卻沒有將紅利分給這位朋友，他得到的仍是固定的月薪。這位朋友漸漸地和董事長疏遠了，很快就被同行公司挖角，失去這枚大將，這位董事長也失去很多賺錢的機會。

這位董事長是典型的自私者，雖然有能力又富經驗，只是他的自私心限制了他的事業發展，也許他有想到這樣做不好，可是戀財之心使他「原諒」了自己。

人有時候不能過多地考慮個人的實際利益，而需要多加考慮公眾利益。這看起來似乎有些傻，但這正是真正智者的哲學，是真正高明的成功之道。

也許很多人在還未賺錢之際，會有這樣的想法：「等賺了錢，我一定要好好回報他們。」「要是有錢，我一定把其中幾成拿出來，分紅給大家。」可是一旦錢賺到手，私欲就讓他們無法做出合情合理的判斷，太貪心的人，最終結局一定是眾叛親離。

可以仔細研究一下那些擁有億萬資產的人，就會發現他們都有無私的精神。他們認為賺錢不是人生最重要的事，最重要的是如何做人，做個無私奉獻的正人君子，為社會效勞。

松下電器帝國的創始人松下幸之助，也曾在日本戰敗時發表聲明說：「松下電器應採取的路線，必須是復興日本、重建日本之路。我們要集中全力在生活必需品的生產上，這就是我們當前的使命。」他還特別強調：「所謂實業人的使命，就是要克服貧窮，不能只為一個企業、一個人，而要使社會全體脫離貧窮，達到富有。」他的聲明在字裡行間都飽含著一個企業家對國家、對社會公眾的精誠效忠精神，這種無私的美德感動了日本國民，松下也受到了人們廣泛的支持與愛戴，這也是松下在事業上不斷走向成功的依托和根基。

韓國著名企業家金宇中曾說：「我把迄今所賺的錢全部交給社會，今後賺的錢也決不放進自己的腰包。」

想在現實的生活中站穩腳跟，賺取財富，就必須拋棄自私自利的意識，培養自己完美的品格。

當我們覺得自己的內心私欲正愈加膨脹時，就應該趕快抑制這種欲望，檢討是不是希望「獨霸一切」的心理在作祟。

必須記住：無論我們的私欲是否應該，它的結果可能只會阻止我們前進，而不會帶來絲毫的好處。一個人只要心中出現一點貪婪或私心雜念，原本剛直性格就會變得懦弱，聰明就會變得昏庸，慈悲就會變成殘酷。

自信 & 自重：做人與做事的雙贏智慧

作　　者	孫培莉
發 行 人	林敬彬
主　　編	楊安瑜
編　　輯	王艾維
內頁編排	詹雅卉（帛格有限公司）
封面設計	葉秀蓁（獨眼貓設計工作室）
出　　版	大都會文化事業有限公司
發　　行	大都會文化事業有限公司 11051 台北市信義區基隆路一段 432 號 4 樓之 9 讀者服務專線：（02）27235216 讀者服務傳真：（02）27235220 電子郵件信箱：metro@ms21.hinet.net 網　　址：www.metrobook.com.tw
郵政劃撥	14050529　大都會文化事業有限公司
出版日期	2014 年 08 月初版一刷
定　　價	250 元
I S B N	978-986-5719-08-1
書　　號	Growth-072

First published in Taiwan in 2014 by Metropolitan Culture Enterprise Co., Ltd.

4F-9, Double Hero Bldg., 432, Keelung Rd., Sec. 1, Taipei 11051, Taiwan

Tel:+886-2-2723-5216 Fax:+886-2-2723-5220

Web-site:www.metrobook.com.tw

E-mail:metro@ms21.hinet.net

Cover Photography: front, fotolia/26512872, and others from CGTextures.

國家圖書館出版品預行編目 (CIP) 資料

自信 & 自重 ：做人與做事的雙贏智慧 / 孫培莉著.
-- 初版 . -- 臺北市：大都會文化 , 2014.08
256 面 ; 14.8×21 公分
ISBN 978-986-5719-08-1（平裝）

1. 成功法 2. 自我實現

177.2　　　　103004706

大都會文化 大都會文化 讀者服務卡

書名：**自信&自重：做人與做事的雙贏智慧**

謝謝您選擇了這本書！期待您的支持與建議，讓我們能有更多聯繫與互動的機會。

A. 您在何時購得本書：______年______月______日

B. 您在何處購得本書：____________書店，位於___________(市、縣)

C. 您從哪裡得知本書的消息：

1.□書店 2.□報章雜誌 3.□電台活動 4.□網路資訊

5.□書籤宣傳品等 6.□親友介紹 7.□書評 8.□其他

D. 您購買本書的動機：（可複選）

1.□對主題或內容感興趣 2.□工作需要 3.□生活需要

4.□自我進修 5.□內容為流行熱門話題 6.□其他

E. 您最喜歡本書的：（可複選）

1.□內容題材 2.□字體大小 3.□翻譯文筆 4.□封面 5.□編排方式 6.□其他

F. 您認為本書的封面：1.□非常出色 2.□普通 3.□毫不起眼 4.□其他

G. 您認為本書的編排：1.□非常出色 2.□普通 3.□毫不起眼 4.□其他

H. 您通常以哪些方式購書：(可複選)

1.□逛書店 2.□書展 3.□劃撥郵購 4.□團體訂購 5.□網路購書 6.□其他

I. 您希望我們出版哪類書籍：（可複選）

1.□旅遊 2.□流行文化 3.□生活休閒 4.□美容保養 5.□散文小品

6.□科學新知 7.□藝術音樂 8.□致富理財 9.□工商企管 10.□科幻推理

11.□史地類 12.□勵志傳記 13.□電影小說 14.□語言學習（____語）

15.□幽默諧趣 16.□其他

J. 您對本書（系）的建議：

____

K. 您對本出版社的建議：

____

讀者小檔案

姓名：______________ 性別：□男 □女 生日：____年____月____日

年齡：□20歲以下 □21～30歲 □31～40歲 □41～50歲 □51歲以上

職業：1.□學生 2.□軍公教 3.□大眾傳播 4.□服務業 5.□金融業 6.□製造業

7.□資訊業 8.□自由業 9.□家管 10.□退休 11.□其他

學歷：□國小或以下 □國中 □高中／高職 □大學／大專 □研究所以上

通訊地址：____

電話：（H）______________（O）______________ 傳真：______________

行動電話：____________________ E-Mail：____________________

◎謝謝您購買本書，歡迎您上大都會文化網站（www.metrobook.com.tw）登錄會員，或至Facebook（www.facebook.com/metrobook2）為我們按個讚，您將不定期收到最新的圖書訊息與電子報。

自信 & 自重

做人與做事的雙贏智慧

北區郵政管理局
登記證北台字第9125號
免　貼　郵　票

大都會文化事業有限公司
讀　者　服　務　部　　收

11051台北市基隆路一段432號4樓之9

寄回這張服務卡〔免貼郵票〕
您可以：
◎不定期收到最新出版訊息
◎參加各項回饋優惠活動

我要購買以下書籍

書名	單價	數量	合計

購書金額未滿600元，另加收60元國內掛號郵資或貨運專送運費。

總計數量及金額：共＿＿＿＿本，合計＿＿＿＿＿＿＿＿元

通訊欄（限與本次存款有關事項）

姓名

地址 □□□-□□

電話

虛線內備供機器印錄用請勿填寫

98-04-43-04

郵政劃撥儲金存款單

收款帳號 1 4 0 5 0 5 2 9

金額 新台幣（小寫） 億 仟萬 佰萬 拾萬 萬 仟 佰 拾 元

收款戶名 大都會文化事業有限公司

寄款人 □他人存款 □本戶存款

主管：

經辦局收款戳

◎寄款人請注意背面說明

◎本收據由電腦印錄請勿填寫

郵政劃撥儲金存款收據

收款帳號戶名

存款金額

電腦紀錄

經辦局收款戳

郵政劃撥存款收據注意事項

一、本收據請妥為保管，以便日後查考。

二、如欲查詢存款入帳詳情時，請檢附本收據及已填妥之查詢函向任一郵局辦理

三、本收據各項金額、數字係機器印製，如非機器列印或經塗改或無收款郵局收訖章者無效。

大都會文化、大旗出版社讀者請注意

一、帳號、戶名及寄款人姓名地址各欄請詳細填明，以免誤寄；抵付票據之存款，務請於交換前一天存入。

二、本存款單金額之幣別為新台幣，每筆存款至少須在新台幣十五元以上，且限填至元位為止。

三、倘金額塗改時請更換存款單重新填寫。

四、本存款單不得黏貼或附寄任何文件。

五、本存款金額業經電腦登帳後，不得申請撤回。

六、本存款單備供電腦影像處理，請以正楷工整書寫並請勿摺疊。帳戶如需自印存款單，各欄文字及規格必須與本單完全相符；如有不符，各局應婉請寄款人更換郵局印製之存款單填寫，以利處理。

七、 本存款單帳號與金額欄請以阿拉伯數字書寫 。

八、 帳戶本人在「付款局」所在直轄市或縣(市)以外之行政區域存款，需由帳戶內扣收手續費 。

如果您在存款上有任何問題，歡迎您來電洽詢
讀者服務專線：(02)2723-5216(代表線)
為您服務時間：09：00～18：00(週一至週五)
大都會文化事業有限公司　　讀者服務部

交易代號：0501、0502 現金存款　0503票據存款　2212 劃撥票據託收

大都會文化
METROPOLITAN CULTURE

大都會文化
METROPOLITAN CULTURE

大都會文化
METROPOLITAN CULTURE

大都會文化
METROPOLITAN CULTURE